L.O.R.O

Le teorie dei complotti

PAOLA BURSI

Leggere libri è il gioco più bello che l'umanità abbia
inventato

MANOSCRITTIEBOOK

LE TEORIE DEI COMPLOTTI

Parte 1

INTRODUZIONE

La Teoria consente di descrivere, interpretare, classificare, spiegare fenomeni di varia natura.

L'ipotesi viene confermata dagli esperimenti, da fatti o situazioni ancora non realizzati oppure spiegazioni fondate su indizi e intuizioni note che si ritengono accertabili.

Da lì si può determinare una teoria.

Esistono parecchie teorie, molte delle quali hanno portato scoperte determinati per l'uomo altre sono rimaste solo ipotesi ad un passo dall'essere teorie con parecchi punti di domanda.

Complotto; intrigo rivolto copertamente a danno di enti o persone.

La nascita di un complotto è determinato da un'ipotesi che si trasforma in una teoria trasformando quella teoria in un complotto bello e buono.

Cosa porta ad usare questa parola, dove nasce l'idea?

Da ciò che non viene detto, ciò che non è chiaro, sotterfugi, situazioni ambigue, mezze frasi e bugie cose dette e ritrattate.

Mettere un popolo nella confusione nel caos.

Questo porta ad ipotesi anche se non confermate, diventando una teoria, facendo nascere il complotto.

Anni 50/60 e fino al 90 esistevano delle teorie che per trasformarsi in complotti bastava poco ma si chiudeva il discorso cercando di mantenere un basso profilo.

Ok gli alieni esistono ma non avrete mai le prove quindi, ok ne parlerete ma saranno solo chiacchiere.

In effetti ne hanno sempre parlato e solo parlato, niente ha provato niente, rimane una stupenda e oscura teoria.

Tutto ciò che serve ad un'ipotesi per diventare una teoria sono delle certezze, per un complotto occorrono le prove, esse determinano che ciò è reale.

La psicologia delle teorie complottiste, sono molto antiche, in questi ultimi anni però sono entrate nel mirino degli psicologi cercando di dipanare le credenze e le teorie del complotto chiedendosi perché una parte minoritaria crede e diffonde questo tipo di teorie.

Già lo vorrei sapere anch'io.

In effetti dopo la pandemia del covid le teorie sono aumentate e molte sono diventate dei complotti surreali, oppure no.

Si ragiona si elabora e si conclude, il pensiero che ci affligge a forza di cercare una risposta trova quella che sembra più logica e forse lo è, ma è anche la più pericolosa.

Parlando di complotti ti esponi, in modo totale specialmente se esprimi la tua opinione sui social, non puoi pensare di essere immune a ciò che scriverà il popolo di internet sul tuo link o post e una parte la penserà come te ma un'altra ti massacrerà quindi, parlare di teorie esporre un'idea ti metti a confronto con il resto del mondo se parli di complotti esci dal mondo virtuale e ti ritrovi nella realtà con tutto il mondo che legge e non è facile.

Mantenere le proprie convinzioni ti rende una persona coraggiosa esporre le proprie idee rende liberi, finché non tocchi tasti dolenti, questa è la nostra attuale società, dove tutto può essere rapportato ad un complotto o solamente ad una teoria rimane il fatto che tu almeno hai detto la tua a differenza di chi piace solo lamentarsi e dà la colpa ad altri tirando in ballo qualsiasi cosa.

Di teorie il mondo ne è pieno, di complotti idem, voglio solo dare una spolverata se così posso chiamarla per poter dare una visione su argomenti che da una semplice idea si sono tramutati in qualcosa di meschino o pericoloso, senza togliere che potrebbe essere fantascienza, fantasia oppure una serie di eventi tramutati in mostri.

La mente umana prende un'idea e la elabora e ciò che ne esce a volte è la realtà a volte con l'intromissione di agenti esterni si tramuta in cose losche, misteriose.

Forse abbiamo bisogno di vedere sempre il male, in molti casi esiste in altri no, ma questo non ci rende meno curiosi, anzi ci rende ossessionati e come i cani con l'osso non molliamo la preda.

Almeno per un periodo che può essere di moda, che può determinare la nostra vita, o può essere solo una persona che rende virale quell'argomento.

Passato quel momento tutto torna alla normalità, quasi, forse, boh!

Buona lettura.

Voglio solo ricordare una cosa, si parla, si scrive e si dialoga e ci si confronta in modo civile, altrimenti siamo barbari.

Una persona mi disse, pensi sempre male.

Io risposi:

A PENSARE MALE DEGLI ALTRI SI FA PECCATO, MA SPESSO SI INDOVINA.

Sapete chi lo disse? Andreotti.

Il vedere il male per primo da l'opportunità di trovare il bene, sempre che ci sia.

CAPITOLO PRIMO

*Prima di intraprendere il viaggio della vendetta scava
due fosse, la tua e quella del tuo avversario*

Questo libro deve essere paragonato ad un dialogo
tra persone che leggendo dicono; mah se lo dici tu.

Oppure; sì forse hai ragione.

Ma guarda questa.

Insomma dite la vostra in modo garbato.

Fortunatamente ognuno la vede a modo proprio in
tutta serenità mi auguro, quindi esprimetevi!

LA TERRA PIATTA

Partiamo con la prima ipotesi, la terra è piatta!

Se la terra fosse piatta quel benedetto meteorite che la colpì 65 milioni di anni fa ma che mira ha avuto!

Nooo ma pensateci un attimo, se fosse tonda avrebbe avuto più possibilità tutto lo spazio che serve un bel bersaglio, ma piatta l'ha proprio puntata.

E se non fosse stato un meteorite ma qualcosa di diverso?

Mi chiedo se fosse reale, tenerci allo scuro, tanto a noi cosa cambia da una palla ad un disco nulla alla fine tutti i continenti ci sono mancherebbero i poli Sud E Nord, in un disco non esisterebbero come noi li vediamo e non saprei nemmeno come definirli.

Mi immagino la terra piatta come fosse un plastico e cerco di vedere i mari gli oceani i monti e tutto il resto con questa visione, essendo piatta tutto è lì su un unico piano, quindi mi chiedo come può essere vista diversamente al nostro pianeta tondo.

Probabilmente sono io che non riesco a vederla così.

Ma considerato che visionandola come ho fatto creando nella mia mente un plastico cercando di avere una visione più chiara non posso avvallare questa ipotesi.

Non trovo in nessun modo una piccola situazione che possa crearmi un dubbio.

È molto strano siamo nel 21° secolo e con tutte le scoperte fatte se ne escono con un pensiero così particolare, perché?

Lo sapevate che la maggior parte dei credenti del Terrapiattismo sono in USA?

Il Terrapiattismo è nato nel 800, le credenze erano il quotidiano non avevano strumenti per appurare il contrario, tranne una persona.

Samuel Birley Rowbotham 1816-1884 Inglese.

Fu lui a iniziare tutto ciò con ipotesi moderna della Terra Piatta di cui andava a predicare in giro per l'Inghilterra.

Questo signore come arrivò a pensare che la terra fosse piatta?

Tramite esperimenti da lui eseguiti che lo portò alla conclusione che la terra fosse un disco.

Però c'è sempre un però questa persona non fu un grande studioso e sembra che si inventasse anche lavori senza titoli di studio, tutto ciò mise in dubbio tante cose e le sue conclusioni furono a dir poco strane.

Deve esserci sempre una persona che dà inizio a ipotesi o teorie, capita che col tempo possono perdersi ma alcune si rafforzano e portano a conclusioni esagerate, errate, a volte reali e qui di sicuro sono state fatte ulteriori verifiche.

Credo che su questo argomento che non lascia un solo pensiero senza nessun dubbio che la terra è tonda.

Lo dimostrano tantissime foto scattate dallo spazio e filmati.

Al tempo di Cristoforo Colombo per raggiungere l'India egli propose di navigare a Ovest della Spagna era anche lui convinto che la terra fosse tonda, sapeva benissimo che navigando a Est era difficoltoso perché l'Africa bloccava la strada.

Su un mondo sferico l'avrebbe raggiunta anche da ovest come poi ha fatto.

Il filosofo greco Aristotele affermò nei suoi scritti che la terra era sferica a causa dell'ombra circolare proiettata dalla luna durante un'eclisse lunare.

Il filosofo Erastotene stimò anche le dimensioni della terra.

Questo una mattina si sveglia e tramite suoi esperimenti definisce la terra un disco, e come abbiamo visto prima di lui filosofi con strumenti a dir poco rudimentali ma importanti hanno definito la terra ciò che il futuro ha consolidato tramite nuovi strumenti e migliorato ciò che ci hanno lasciato i posteri, che dire di più?

Tra le popolazioni non colte esistevano opinioni eterogenee e il principio della sfericità non era del tutto affermato, fino a quando, tra XV e XVI secolo, le scoperte geografiche non ne fornirono un'ulteriore dimostrazione.

Altre culture pensavano che la terra fosse piatta civiltà vissute in Egitto o in Mesopotamia nel III-II millennio a.C.

Un popolo che sia colto oppure no una parte o la maggior parte si convince che un'ipotesi può essere reale e creare altri argomenti che la rendono un complotto, al 40% reale se non di più.

Vorrei capire quanto a noi serve per trasformare un'ipotesi in una teoria se come abbiamo letto già in Grecia avevano indizi confermati da studi che la terra è tonda tutt'ora abbiamo appurato e convalidato tramite video foto filmati e tanto altro queste studi come possono continuare a pensare il contrario.

Le prove certe come le definisco io sono inconfutabili perché credere il contrario e trasformare il tutto in un complotto.

ALIENI

Altra ipotesi quasi teoria, gli alieni che portano la vita sulla terra, qualcosa però va storto e arrivano i dinosauri che potrebbero evitare la nascita dell'uomo, quindi bisogna ricorrere ai ripari eliminando una parte di loro e far si che l'uomo inizi la sua era.

Ma guarda te arriva un asteroide che elimina la maggior parte delle bestioline.

Questo è culo.

Riprendiamo l'ipotesi che non fosse stato un asteroide ma che i nostri cari amici ci abbiano pensato loro a rendere la nostra nascita più sicura, voi cosa ne pensate?

Bene pensiamo male.

La prova che un sassolino cadde sulla terra è determinata dalla scoperta di Iridio nel cratere di Chicxulub nel golfo del Messico.

Altra teoria le civiltà Maya sparite, chi dice che siano ritornati al loro pianeta.

Tutto è possibile non avendo trovato nessun indizio che possa chiarire la fine o l'estinzione di una civiltà, la teoria possibile che fossero alieni.

I Maya erano in grado di leggere e scrivere, in più raccolsero le loro storie e la loro conoscenza in alcuni libri, loro svilupparono un complesso sistema di scrittura geroglifica, che venne definita la più avanzata delle Americhe precolombiane, e non essendo nessuna prova di come finì il popolo Maya la teoria più semplice è che venissero dallo spazio.

Ritornando sulla terra una teoria più recente definisce che la distruzione della civiltà Maya, fu tramite un'invasione da parte di gruppi che provenivano dal golfo, determinando la distruzione della loro civiltà, niente alieni solo una società molto avanzata, ma che bello è sapere che alla fine c'è sempre una risposta ad una domanda e c'è sempre un verificazionismo ad una teoria o ipotesi?

Rimanendo sul discorso alieni, secondo voi perché non si sono ancora presentati alla popolazione mondiale?

Ipotesi che siano loro che hanno portato la vita sulla terra, che idea si sono fatti di noi?

Si aspettavano tanta violenza?

Oppure credevano su una civiltà pacifica, ma prospera con un credo e con una collaborazione tra di loro, impeccabile sulla moralità e il bene comune, insomma su una società fondata sulle radici delle generazioni e tradizioni passate, e su insegnamenti profondi e valori importanti.

Noi eravamo partiti bene, i valori l'educazione le tradizioni, poi ci siamo persi per strada, tutto quello che eravamo, perché signori miei, le tradizioni sono il nostro passato ciò che eravamo e che abbiamo portato con noi in ogni generazione, che non è sbagliato, chi è venuto prima di noi, come i nostri nonni, non ci hanno lasciato insegnamenti sbagliati ,ma ciò che serviva a noi per iniziare la nostra strada, poi si sbaglia, ma tramite le parole che ci accompagnavano abbiamo evitato disastri, poi si sa non tutti accettano, chi ti vuole consigliare oppure inculcare un pensiero, ma chissà il perché quando sbagli, i consigli e le parole dette, da persone più grandi di noi, ti tornano indietro come un boomerang.

Capendo che se avessi dato retta almeno un 50% evitavi dei casini o altro.

Immaginiamo per un attimo i nostri cari alieni, se si aspettavano la civiltà descritta sopra, capisco perché non si sono ancora presentati a noi.

Anzi, negano di averci messo mano, no no no non centriamo nulla, passavamo di qua, ci siamo fermati un attimo a fare acqua e siamo ripartiti subito.

Assolutamente estranei ai fatti.

Che delusione siamo stati per i nostri genitori.

Un mondo, che non fa altro che guerre, il denaro è la base mondiale di tutto, ipocrisia indifferenza e delinquenza mancanza di educazione, violenza e chi più ne ha più ne metta.

Siamo veramente uno spettacolo.

Ma se siamo un mondo pieno di cavie, allora tutto questo ci sta.

Si presume che vi sia una teoria dove solo alcuni sulla terra siano in contatto stretto con i nostri amici, perché?

Siamo le cavie migliori di tutto l'universo? Forse.

Siamo un mondo dove testare ogni tecnologia?

Può essere, casomai da loro preferiscono che non capiti nulla.

Vuoi mai dire…

Siamo le cavie per ogni genere di virus e malattie? Ovvio no

Ma perché hanno deciso proprio questo pianeta, che è bellissimo, unico, anche se noi lo stiamo rovinando, però loro non fanno nulla per evitarlo, peccato che abbiano deciso di sacrificare un pianeta come questo.

E non solo il pianeta!

Quindi ricapitolando siamo nella merda… teoria ehhhhh.

Credere che esistano gli alieni, è dato da svariate teorie, sia di complotto che di avvistamenti, in effetti c'è stato un periodo dove se ne vedevano tanti, che fossero tutti reali non si sa.

Ma io credo che in un universo così grande è impossibile che non esista un'altra o altre civiltà chi più o meno evolute di noi, quindi posso aspettarmi di vedere qualcosa di extra.

Sarebbe veramente da ipocriti pensare di essere unici, non lo siamo e non lo saremo mai, il podio per il momento può essere nostro solo per ciò che siamo, sempre che non arrivino altri peggio di noi a trovarci.

E vi chiederete perché vedo solo la parte peggiore, molto semplice, ciò che di buono viene fatto, o può essere fatto viene automaticamente distrutto, e di esempi ne abbiamo a valanga, e sapete il perché?

Il bello, è tutto ciò che rende migliore qualcosa, fatto da chiunque, viene distrutto da un altro, che a sua volta voleva essere il primo, per invidia per qualsiasi motivo se non viene trovato l'illecito o qualcosa non legale ti sputtanano, e visto che i social e qualsiasi altro che si trova su internet sono la "Bibbia" credono e credono e credono causando così un danno irreparabile.

A volte mi mancano, quelle urla che sentivo sia a me o ad un altro monello/a, da genitori incazzati e in quel momento partiva la lezione sul rispetto, io mi chiedo come possa essere possibile aver perso una parte fondamentale del nostro essere.

Alieni avete messo matrici a tempo determinato e ora avrete il caos, è questo quello che pensavate di trovare?

Oppure nemmeno voi eravate preparati a tutto ciò.

Se si siete allora peggio di noi meritate il podio.

Comunque rimane il fatto che vorrei veramente capire cosa fanno qui, tanti pensano che vivono tra di noi già da molti anni tipo anni 60.

Incontrarne uno e chiedere … soddisfatto?

Per capire se vivere in un mondo bellissimo e nel caos è soddisfacente.

Io preferivo gli anni 80/90 tutto era diverso immerso nel contatto diretto con le persone, si parlava e non si era così indifferenti alle situazioni che si veniva a contatto o che si ascoltava in tv.

Ora mettiamo in dubbio qualsiasi tipo di informazione specialmente quella televisiva che complotta sentendo alcuni contro il popolo.

Non dicendo la verità nascondendo notizie importanti e necessarie per il popolo che comunque deve essere informato.

E qui è facile dire: Ma chi lo dice?

La stampa non può essere soggetta ad autorizzazioni o censure Art. 21 della Costituzione.

L'unica cosa vietata è la pubblicazione di notizie che possono riguardare qualsiasi argomento contrarie al buon costume.

Chiedere se è così che se lo immaginava la vita sulla terra.

E chiedere quando la finiranno di usarci, sempre come ipotesi

ULTIMA ORA!!!!!!!

Voci di corridoio dicono che stanno arrivando, sono militari bene equipaggiati hanno gerarchie e vogliono salvare il pianeta.

Quindi ci faranno anche il culo essendo noi che stiamo mandando a puttane la terra.

No non tutti solo quelli pentiti o forse che almeno qualcosina hanno fatto, oppure quelli con cui sono in contatto, oppure faranno una lotteria, andranno per età? Spero di no altrimenti sono fregata.

Quando si dice mai una gioia, ma sono ipotesi chiare e forse innocue teorie dei vari pensieri su cui si basa.

Un po' di fantasia e fantascienza.

Secondo voi vedendo tutto ciò perché non sono arrivati prima, perché aspettare e perché deve essere un esercito, la diplomazia hanno capito che non serve, i soldi loro non li usano o sono diversi, sapete cosa... che ci hanno dato come persi, non recuperabili, anche da fuori siamo decisamente fastidiosi.

Tutto l'universo ci conosce nel modo peggiore?

La fantasia e la fantascienza spesso vanno di pari passo, ribadisco non credo che siamo soli in questo immenso universo sarebbe ipocrita pensarlo per tutto il resto si verificherà nel bene e nel male se ci sono già o se arriveranno appureremo al momento…

Molte domande e altrettante risposte ci attendono sia per gli avvenimenti avvenuti tra il 50 e 60 ancora avvolti da mistero e il motivo del tenere tutto nascono con il pensiero "NON SIETE PRONTI", parlate per voi io avrei voluto sapere e secondo me tanti altri.

NOI SIAMO IN ATTESA!!!!

Sapete cosa dicono che nella parte nascosta della luna esiste una base, dove collaborano alieni e terrestri, da voci di corridoio i nostri amici avrebbero donato a noi popolo della terra tecnologie e possibili apparecchiature mediche che aiuterebbero chi è malato di cancro e altre malattie importanti.

Noi cosa avremmo dato a loro?

Il silenzio della loro presenza?

Posizioni importanti ai vertici?

La terra stessa?

Intendiamoci io sto scrivendo ciò che si sente sul web potrebbero avere un fondo di verità oppure essere una fake, come tutte le teorie dei complotti posso solo scrivere ciò che è già in rete, e credetemi se vi dico che ne esistono tantissimi, ma questo non ferma chi pensa che sia la realtà, anzi cerca di dare una propria opinione che finisce per aumentare ciò che è già si sa.

Ipotizziamo che sia la realtà, di tutte le ipotesi la migliore rimangono le posizioni ai vertici.

Governare un mondo, ovvio occorre tempo e furbizia.

Immaginate se un giorno uno dei potenti si rivelasse, cosa penseremo?

Ahhhh lo sapevamo già.

Ma dai davvero?

Oh my Good.

Oppure il panico la paura estrema il caos.

Non lo so, credo che mi sentirei molto piccolo e preso per il culo da chiunque ha gestito tutto questo.

E mi farei altre mille domande.

E ne vogliamo parlare dell'Area 51?

Di tutte le storie, teorie complottiste e mille insinuazioni, cosa è realmente vero?

Già, che fascino ha l'Area 51, tutti noi abbiamo sognato un qual si voglia segreto e complotto, ma cosa realmente avviene all'interno dell'area stessa.

Nel 2009 alcuni ex funzionari che vi hanno lavorato dentro hanno avuto il permesso, scusate ma ripeto, il PERMESSO di ammettere di stare lavorando ad apparecchiature tecnologicamente all'avanguardia, adesso ditemi se potete credere a chi ha dovuto dire ciò.

Ok esiste il segreto e la non divulgazione di informazioni se smetti di lavorare in un luogo dove la segretezza è al primo posto, ma questa situazione la trovo troppo semplice, e sicuramente è diventata famosa per la sua segretezza delle operazioni e dopo tanti anni ancora oggi non se ne sa nulla, complimenti!

Il complotto dei complotti sicuramente riguarda Roswell, rapimenti alieni, uomini rettile.

Roswell, ricordate? Era il 1947 un ufo cadde nella zona e fu trasportato all'interno dell'Area 51, dove avvennero esperimenti sull'alieno trovato all'interno del veicolo e studiato la tecnologia della nave aliena facendo così grandi passi avanti.

Bene e questa tecnologia dove è finita?

A volte mi chiedo se veramente tutto questo fosse vero non potrebbero essere utili le scoperte fatte ed usarle a beneficio dell'umanità?

Il solo pensare che si siano fatti esperimenti su un essere vivente anche se di un altro mondo lo trovo pessimo, ma conoscere il nostro nemico può essere utile, dicono che non fosse sopravvissuto.

Lo so che non vi piace la frase che ho scritto, lo so e lo comprendo e quando dico pessimo è solo per non scrivere una merdata, vi piace di più?

Ricordate sono solo teorie non esistono prove materiali di tutta questa storia, mi piace pensare che non siamo soli, e mi piace pensare che non saremo così terribili.

Nessun aereo può sorvolare sopra l'Area, quindi nessuno sapeva con certezza della sua esistenza fino al 2003 quando il governo degli Stati Uniti ammise l'esistenza della base.

Non dimenticate che è impossibile entrarvi è praticamente piena di telecamere e sensori di movimento, senza contare le guardie armate, se vi trovano rischiate la galera, una multa salata e forse anche la visita di agenti dell'FBI, quindi prima di sentirvi sicuri di non essere trovati o visti pensateci mille volte, basta un attimo e siete nei guai.

Tantissime le teorie e tantissimi complotti mai provati, tranquilli a meno che non cambi qualcosa rimarrà solo una teoria.

MATRIX

Cambiamo Argomento MATRIX.

Teorie o ipotesi dipende da come la si vede o la si pensa.

Pensano alcune persone di vivere nel Matrix cioè una situazione creata tramite Matrice praticamente un elemento matematico che crea un mondo fittizio da quello reale.

Qualcuno avrebbe creato un mondo illusorio allo scopo di ingannarci e tenerci sottomessi.

Mettiamo ben in chiaro una cosa se solo dovessi avere anche un solo sospetto che vivo in un mondo che non esiste, mi do un'incazzata che anche chi abita su Marte mi sente, ma come possiate solo pensare di vivere in un Matrix, dopo tutti i sacrifici situazioni orribili il culo che ti fai per una vita migliore i pensieri e le preoccupazioni dolore e felicità venisse fuori che è tutto finto sale il crimine!

Ovvio che cerchi chi ti ha preso per il culo, ovvio che una belva al tuo confronto è un micio micio.

Solo il pensarlo fa incazzare, come potete avere l'idea di questa teoria della simulazione che è poi un'ipotesi che sostiene che tutto quello che ci circonda sia artificiale, anche se esistono esempi antichi di questa idea, addirittura libri ma mai una certezza REALE.

Nel passato filosofi si sono chiesti qual era la natura della nostra realtà e altri hanno cercato di capire nel tempo cosa è reale e cosa no, molti film hanno cercato di approcciare questo tema, alla fine non c'è stata nessuna risposta.

A questo punto c'è chi spera che qualche fisico trovi un indizio o che il meccanico alla guida spenga qualche interruttore così da far capire dove ci troviamo illusione o realtà?

Mah io non voglio sapere che mi hanno negato una vita diversa, dove potevo ragionare con la mia testa le decisioni le prendevo io e non era tutto programmato, non voglio sapere che mentre mi facevo il culo per i miei progetti tu mi guardavi e mi prendevi per i fondelli e caso mai se volevo andare a destra perché era la scelta migliore mi hai fatto andare a sinistra peggiorando le cose, non voglio pensare che mi usavi come un burattino per i tuoi cazzi, io la penso così sulla sottomissione, usare una persona per i tuoi scopi personali e non potendo la stessa ribellarsi.

Mi chiedo chi è convinto di questo come riesce a vivere in serenità.

Solo al pensiero mi incazzo... l'ho già detto? Ok lo ripeto, perché non ha un senso logico è assurdo e qui chiudo l'argomento.

Secondo i sostenitori di detta teoria, una volta preso il potere, NWO controllerà ogni singolo umano sia negli spostamenti che nelle transazioni di denaro, altro che grande fratello questo sembra più un genitore molto incazzato che decide solo lui cosa puoi e non puoi fare, mai mettersi contro gli interessi della nuova dirigenza planetaria.

Sapevate che nel film Matrix il passaporto di Neo riporta la data dell'11 settembre 2001?

Ed ecco che nasce un complotto.

Vediamo come avviene la diffusione di una teoria, intanto devono accadere tre cose.

L'idea deve essere introdotta in modo non minaccioso alle masse.

Deve essere legittimata dagli esperti.

Servono prove schiaccianti che dimostrano i suoi effetti nel mondo reale.

Nel caso della cosiddetta ipotesi della simulazione, difficilmente si potrebbe chiedere dimostrazione più chiara.

Vivete nella simulazione?

Le cose stanno esattamente così?

È una semplice questione di probabilità, dato che l'unica società che conosciamo, la nostra sta simulando se stessa attraverso videogiochi e realtà virtuale.

Non dimentichiamo che persone di un certo calibro e altri sostenitori della teoria che ci troviamo nella realtà di base sono molto convinti di appartenere a questo tipo di mondo.

David Chalmers ha pubblicato un libro che parla del vivere in una simulazione e che non si può stabilire che non sia così, il problema non è che ci stiamo dentro il problema è provare che non siamo lì.

Allora che vogliamo fare? Credere a chi dice che il Matrix esiste o pensare che il nostro pianeta sia più reale di quello che pensano alcune persone.

Quando senti che vi sono persone con soldi e idee miliardarie e credono in una realtà simulata rimango basita e questo mi destabilizza e mi fa incazzare parecchio, sempre per il discorso precedente.

Dunque è vero?

È falso?

Matrix ha creato una realtà simulata tramite teorie non comprovate o forse con prove che noi poveri mortali non conosciamo.

Vi è mai capitato di vedere dei video dove fanno vedere un aereo fermo immobile nel cielo, un uccello fermo sempre in cielo, oppure uno strappo nel cielo dove si nota altro.

Questo determinerebbe che chiunque vi sia dietro sta manipolando con i bottoncini e sta resettando il sistema.

Detta da chi ne vede una situazione di comp.

Vorrei tanto vedere cose simili io personalmente, sì mi piacerebbe vivere l'esperienza di vedere qualcosa di strano, molto strano e dire, ok posso pensare che possa esistere un'ipotesi che affermi il Matrix non è da tutti i giorni alzare lo sguardo e notare che un aereo è immobile, un ramo a mezz'aria che fluttua.

Invece no.

Video fake ne nascono ogni 5 minuti, servono per confondere le persone a credere determinate cose o interessi, specialmente per chi li mette in rete.

Quanti video sono statti smascherati riguardanti gli UFO e tanti altri non riescono a dare spiegazione.

Ritengo che con l'aiuto di internet e con tutto quello che ci si trova, puoi creare tutto quello che vuoi, senza contare l'avvento della A.I. ora veramente chi vi ferma più.

I fisici non avvallano questa ipotesi, ne sono fermamente contrari, si pensa, se lo sono loro contro questa ipotesi, chi siamo noi per dire il contrario?

Facciamo un giochino già visto:

Quale pillola prendereste la Rossa o la Blu?

La Blu torni nella tua realtà, in questo caso ci rimani.

La Rossa vedi la realtà del mondo che ti circonda.

Sappiate che già è stato scritto "Take the red pill!"

Detto da qualcuno noto, di cui ha avuto risposta da altra persona nota "Taken".

Non vi dico che cosa si è detto, di tutto, alimentare le teorie complottiste non occorre molto se stimoli pensieri già fuori dal comune, come la frase "Being red pilled".

Vediamo io innesco una frase ad effetto per avere maggiore visibilità, sapendo che la mia posizione può far pensare ed aprire un mondo alternativo, voi non lo fareste?

Quanti di voi lo vorrebbero sapere tramite la scelta di una pillola in che mondo siamo, e questo non vuol dire che poi ti piaccia, anzi potrebbe essere orribile, ma già la scelta definisce dove si è, bisogna solo avere il coraggio di vedere.

A sto punto preferirei ritrovarmi in un mondo alla Star Trek, dove devi combattere alieni, e non intelligenza artificiale e pure brutti, e nemmeno cloni, pensa se vedessi me stessa, ma no una è pure troppo figuriamoci 2 o 3, no, no, e no!

Quale Rossa o Blu?

VIAGGI NEL TEMPO – TEORIA DEL CAOS

La teoria del caos venne sviluppata agli inizi degli anni 60 sempre matematica è.

Lo sapete che c'è chi estrapola il futuro?

Probabilmente non sarà la stessa teoria o forse rimane il fatto che porta informazioni che nel nostro presente succedono, allora io mi chiedo perché invece che aspettare e dire "avete visto?" Non avvisare per prevenire addirittura delle perdite di vite?

Probabilmente è la stessa situazione di chi si trova quando hanno delle premonizioni e non possono dirlo con nessuno altrimenti passano per mentalmente fusi.

Capisco che non è facile e non posso dire nulla in merito alle premonizioni ma se mi metti una profezia sui social allora è tutta un'altra cosa.

Si perché la esponi in pubblico e chiunque può dire la sua, io non voglio mettere in dubbio ma non voglio nemmeno dare per certo.

Sì alcune cose scritte sono accadute, coincidenze?

L'unica cosa che vorrei capire è dove prendono queste notizie, perché sarebbero utile a prevenire a dare una mano non solo per i like.

Siete profeti?

Se lo siete sappiate che non potete ignorare il fatto che dovete aiutare, che siete qui per una ragione ben definita e se vi nascondete dietro ai social o pensate di comunicare tramite loro.

Sappiate che raggiungete solo una parte delle persone che contano è un mio pensiero ma dato gli eventi passati e ciò che è stato detto non vi hanno considerato mezzo, ma i like sono arrivati e tanti, ora è questa la priorità.

Siete gli alieni che sono tra noi da tempo?

Visto che vivete qui sarebbe bello dare una mano o vi piacciono anche a voi i like, come ci si abitua bene alle cazzate sono le situazioni serie che danno il mal di testa.

Già se devono assomigliarci dove vuoi che vadano a parare.

Sta di fatto che il caos come dicono può creare uno stile di vita migliore tutto diventa più chiaro ogni dubbio svanisce e sai cosa succederà prima ancora che accada, non è fantastico?

Signori miei io penso che ogni famiglia viva nel caos e che sappia già cosa gli succederà e che si renda conto in che situazione questa società andrà a finire non ci vuole un viaggiatore del tempo o estrapolare il futuro dal caos da qui a 10 anni per capire dove ci porteranno, lo vediamo tutti i santi giorni dipende da noi se ci sta bene o no.

Lo sapevate che ogni persona ha un dono?

Chi ha premonizioni, chi è veggente chi vede i morti e tanto altro.

Il 90% di queste persone non rende pubblico a nessuno di questa sua particolarità.

Una piccola parte ne parla solo con persone che hanno altre doti o la stessa.

Altri in gruppi sui social con pseudonimi in modo che non possano essere riconosciuti/e.

Chi ha premonizioni esempio di un terremoto non sempre riesce a capire dove succede a volte puoi riconoscere un luogo ma non sempre succede, caso strano questi hanno anche le coordinate-

Chi sono?

Più che una teoria o ipotesi questo sembra tutt'altro.

Mi ricordo una frase molto significativa:

Una volta eliminato l'impossibile ciò che rimane per quanto improbabile dev'essere la verità

Se si analizzasse ogni teoria o ipotesi eliminando l'impossibile ciò che rimarrebbe per quanto improbabile dovrebbe essere la realtà la realtà.

Conoscete le leggende dicono che nascono dalla realtà e diventano leggende nel tempo causa ogni passaggio da persona a persona, succede anche per le teorie?

Vorrei solo capire un po' di più, ma va bene così sono arrivato fino a oggi non mi cambia la vita saperne di più, non vorrei essere più confuso di adesso.

APRO UNA PARENTESI

Esistono anche i fake, ce ne sono tantissimi, internet ne è pieno e può capitare di credere a cose non vere, sono fatte molto bene, create solo per fare visualizzazioni o per fare danno alle persone, come si dice verificare sempre almeno dare il giusto credito finché non viene fuori che è reale.

Tutto ciò che si trova su internet bisogna prenderlo con le molle, non è la Bibbia che bisogna crederci e avere fede perché non puoi verificare le fonti internet e social compresi devono essere verificati punto, specialmente quando tratta argomenti simile a ciò che sto scrivendo, tutto ha una base ma non tutto e reale.

CHIUSA PARENTESI

COSA NE PENSATE DEI SIMPSON?

Le loro predizioni che già dagli anni 2000 prevedevano il futuro.

Errato, non loro ma chi stava o sta dietro di loro e qui nasce la teoria del complotto che definisce il cartone animato come una sfera di cristallo che ti svela cosa succederà e in molti casi è stato reale, vero!

Nel 2000 in una puntata dissero che Trump sarebbe diventato nel 2016 presidente degli USA e così fu senza contare tante altre coincidenze.

Se vi guardate in giro su internet c'è una lista dove potete appurare che in alcune puntate degli anni 90 si sono avverate dal 2000 in poi.

Com'è possibile?

Tanti dicono che sono i Massoni che dirigono e lanciano messaggi al popolo per renderlo cosciente di ciò che accadrà.

Altri ancora parlano di viaggi nel tempo.

Chi viaggia? E perché divulgare in questo modo quelle informazioni. Aspettare tanto tempo, che senso ha avuto.

Tutti amano i Simpson, e raccontare storie in quel modo non ha creato caos ma solo interesse e curiosità, nel tempo continuando ad avverarsi tali predizioni non e che si rimanga al giorno d'oggi indifferenti ma solo si ci augura che non accada.

Ok ma ancora non abbiamo il protagonista principale l'attore a cui dare l'Oscar, si non si sa chi è o chi sono le persone che scrivono dietro alle quinte e non sappiamo come fanno a conoscere certe informazioni.

Probabilmente non lo sapremo mai e questo può anche andar bene, ma fatemi una cortesia se il mondo dovesse andare a ramengo avvisate per tempo come avete fatto fin ora ma sarebbe bello che ci sia anche tanta gioia, qualcosa di meraviglioso, nooooo?

Bene questa teoria sarà difficile da zittire con tutte le info che si avverano a questo punto che dire; buon divertimento con i cartoni, per le previsioni incrociamo le dita.

Sapete cosa penso io?

Che se succede una cosa e questa situazione la vediamo tramite social o TV e poi si avvera non è una coincidenza.

Le coincidenze non esistono.

Noi siamo i fautori del nostro destino.

I Massoni esistono e governano.

Bla bla bla…

Che cosa sono i Massoni.

La Massoneria è un'associazione su base iniziatica tra l'esoterismo e la fratellanza, è molto diffusa in parecchi stati del mondo.

Origine inglese dal 1717.

Si basa su un ordinamento democratico detto Logge.

Il loro simbolo è rappresentato da una squadra ed un compasso, in realtà all'inizio vi era una livella, la squadra, il filo a piombo ed il compasso poi modificato in seguito.

Un simbolo inusuale se lo vogliamo definire in questo modo, ma non è così, il nome deriva dal francese maçon, ovvero Muratore.

Legato alle storie delle corporazioni di liberi muratori medievali nel 1723.

La massoneria dichiara di non avere nessun tipo di barriere.

Sono incluse anche le donne, esistono all'interno delle logge denominate miste che ne consentono l'iniziazione.

Cosa sono le logge; sono gruppi di persone con gli stessi scopi e ideali.

I principi massonici discendono dalle Costituzioni di Anderson, redatte da James Anderson nel 1723, le cui regole fondano la tradizione universale della massoneria.

Quali sono gli obbiettivi:

1 Il suo scopo ultimo è il miglioramento dell'uomo e dell'umanità.

2 La verità per poter realizzare una fratellanza universale del genere umano

3 Sviluppo dei valori universali.

4 Libertà e libertà d'azione nel senso di non subire prigionia condanne limitanti, la libertà d'azione personale e nella società.

5 Uguaglianza, infatti nelle Logge del 700 erano bandite ogni differenza, sia di ceto, religione, classe sociale.

6 Tolleranza, nata dai principi e i valori Illuministici che condizionarono il pensiero massonico nei paesi di cultura occidentale.

La tolleranza assunse una maggiore importanza.

Esistono tre gradi nella massoneria.

1 Apprendista muratore.

2 Compagno d'arte, colui che lo pratica abitualmente.

3 Maestro massone.

Le Logge sono autogovernate, non esiste un'autorità massonica centrale.

IL LANDMARK

I Landmark sarebbero gli antichi e immutabili precetti della massoneria, sono i termini con cui vengono valutate le logge e Gran Logge.

Da quelli descritti in alto i Landmark sono diversi.

Credere in un Essere Supremo

Vietato l'iniziazione delle donne

I metodi di riconoscimento sono mantenuti inviolati

Il tempio di Salomone tratto dalla leggenda del terzo grado è parte integrante della massoneria la sua costruzione.

Ciascuna loggia è governata da un Gran Maestro e se si trova in una disposizione geografica determinante Passa la governabilità ad una Gran Loggia che governerà in modo autocratico anche se eletto in modo democratico.

Ciascuna loggia ha un maestro chiamato Venerabile ed è assistito da due ufficiali detti Primo e Secondo Sorvegliante.

La loggia quando è operativa è coperta cioè ha un custode che non fa entrare nessuno al di fuori dei massoni.

La massoneria in breve per far capire il concetto, di come loro intendono la società e chi la vive.

Sono nemici o salvatori?

ILLUMINATI

La setta segreta degli Illuminati nacque nel 1776 a Ingolstadt, in Baviera, fu stroncata definitivamente nel 1787 dal Principe Carlo Teodoro.

Così descrissero la situazione.

Ma il complotto degli Illuminati è che loro siano ancora tra di noi.

Altro che svanire il loro potere dopo due secoli si è espanso enormemente, alcune delle più potenti famiglie del mondo hanno preso le redini degli illuminati.

Tredici famiglie che messe insieme hanno il 99% delle ricchezze mondiali.

I governi democraticamente eletti sembrano soggiogate e al servizio degli illuminati, sembra che vogliono rendere l'umanità un'unica famiglia, di un unico governo.

E i Massoni dove sono in tutto questo?

Un nuovo Ordine Mondiale, una dittatura Globalista.

Altro che complotto, una vera Teoria del Complotto bella e buona.

Oppure nasce tutto da una bella invidia nel vedere famiglie che hanno avuto tutto anche a scapito di lavoratori o altro e nasce il complotto, che facciano parte di famose sette nate in tempi andati?

Hanno aiutato solo chi non aveva nulla da perdere e non aveva remore né una coscienza pur di raggiungere il loro scopo.

Sì perché c'è teoria e teoria, quella surreale e quella assurda e distaccata dalla realtà.

Quando si parla di massoneria o illuminismo, tutto si intreccia, sembra sempre che se una svolta a destra l'altra la segue e poi gira a sinistra ma tutto ha una sua logica e un suo modo di essere gestito.

L'illuminismo nacque come alternativa alla massoneria avendo comunque la stessa struttura analoga, molto spesso viene associata a complotti per indicare gruppi di potere altre al dominio del mondo.

Il primo nome degli illuminati fu l'Ordine dei Perfettibili dopo avvenne il cambiamento in Ordine degli Illuminati.

Come ho descritto prima questa congrega nasce come alternativa alla massoneria tenendo fede comunque a molte direttive massoniche, segretezza, divisione gerarchica su base iniziatica.

Ogni membro assume un nome mitico così da creare la prima gerarchia.

I primi membri furono studenti universitari, con l'intento di divulgare i Lumi, considerati vietati in Baviera.

Il loro scopo era di riunire la Germania, poi l'Europa, per ottenere lo Stato di Natura, praticamente Utopia dove gli uomini avrebbero vissuto in pace tra loro.

Ammetto che l'idea è allettante, se ci guardiamo attorno non è un bel vedere.

Adam Weishaupt sosteneva che ogni uomo è capace di trovare in se stesso la Luce interiore, avvicinandosi o addirittura uguale a Gesù, ossia uomo Re.

Gli illuminati non credevano nelle religioni che secondo il loro pensiero rendevano l'uomo debole e molto superstizioso, che tutto nel mondo è materia e che Dio e il mondo non sono un'unica cosa.

Vi fu un periodo molto buio a causa del Principe di Baviera che pubblicò l'interdizione assoluta d'ogni comunità, società e confraternita segreta o non approvata dallo stato, molte logge massoniche chiusero, gli illuminati avendo membri all'interno della corte continuarono a creare problemi in segreto.

La setta era ovunque nei luoghi di grande influenza potendo così gestire le proprie idee e i loro scopi.

Ma il periodo continuò rendendo sempre più difficile poter continuare avendo messo in atto la pena di morte contro gli illuminati e arrestato membri importanti e scritti che ritenevano la setta reale e attiva.

Ricordiamo che la setta aveva membri che erano provenienti da altri gruppi e ricoprivano posizioni prestigiose come nel clero, magistratura, esercito, avvocati, e personaggi illustri come IL Principe Carlo d'Assia-Kassel, il Duca Carlo Augusto di Sassonia e altri.

La massoneria e l'illuminismo furono le sette più importanti in assoluto nella storia per i loro scopi riguardanti la società e l'uomo.

Furono anche le maggiori teorie di complotto.

Ancora oggi massoneria e illuminismo fanno parlare di sé e svariate teorie complottiste portano a pensare che stiano manovrando e portando nel tempo le loro ideologie per finalmente raggiungere il loro scopo finale.

IL POLITICAMENTE CORRETTO

Partiamo dal presupposto che non accetto il P.C. e non fate commenti sulla sigla che non ha nulla a che vedere con un certo tipo di politica.

Questo sì che la si può chiamare una grande teoria del complotto.

Il non poter più esprimere un commento in libertà.

Tutti dobbiamo essere i perfettini del linguaggio in modo morale.

Dunque partendo dal fatto che se parli con le persone di quello che dici, non frega più un beneamato cazzo, ma se invece cerchi di commentare ma non la pensi come loro o non condividi le loro regole o idee, partono insulti a non finire se ti va bene.

Non capisco, considerato che alcune parole oramai fanno parte del nostro modo di esprimere, adesso non si debbono più dire.

Ma se la parola cazzo ti dà fastidio, ma non ti offende in prima persona, rientrando in un contesto del gergo, perché io non posso dirla?

Se ti dicessi sei una faccina da cazzo allora si ti offendo ma per il resto non rompere gli zebedei.

E vogliamo parlare delle etichette che ci portiamo da anni, ma che ora danno fastidio, nemmeno fare complimenti ad una donna, adesso è molestia se non accettati ovvio.

Capisco che espressioni forti possono dare fastidio è ovvio che deve prevalere sempre il buon gusto ed il rispetto, ma non si può essere esagerati o sempre offesi solo perché adesso pensi di avere un'arma puntata contro chiunque ti parla.

State sereni che alla morte si arriva vivi.

Tutte le affermazioni, dipende sempre da come vengono dette e in che contesto, l'offesa si capisce molto bene, dal tono di voce e come si comporta la persona che sta parlando in quel momento.

Le offese non piacciono a nessuno le illazioni ancora meno.

Questi tipi di violenze sono sempre avvenute, forse in forma diversa o forse no, non so, ma le nostre nonne sapevano difendersi molto bene, non pensate che non esistevano persone stupide con la lingua lunga e le mani usate in modo violento.

L'uomo è violento per natura, nel pensiero nelle sue dimostrazioni nel modo di agire, poi ci sono le eccezioni che definiscono la regola, rimane comunque che le nostre tendenze mirano al crimine.

E così iniziamo dal modo di esprimersi, nel censurare di ogni, e nel settore artistico nell'inserire o cambiare ciò che secondo loro non va più bene.

Tutto questo mina il libero pensiero e il nostro modo di esprimerci, sempre senza offendere, ma così è troppo.

E se vi fate tutte queste pare e girate con l'avvocato al vostro fianco questo cambia ogni cosa.

Voglia di soldi?

Vi offende questa frase?

Che dire avete cominciato voi e visti i vari eventi che si sono sviluppati negli anni un pensiero può balenare nelle menti dei complottisti?

Cambiare le diciture non cambia ciò che sei realmente, come si dice se sei tondo non diventi quadrato con un nome diverso, rimani tondo, ma sei felice?

Ok sei felice beh ti accontenti di poco.

STUPIDO = OTTUSO

Ma quanto sei stupido.

Ma quanto sei ottuso.

Cosa cambia?

Solo se non conosci la parola, allora cambia per te non per il resto del mondo, va beh!

Il politicamente corretto è molto più ampio e prende molte parti di questa società.

Nel cinema vi è una sorta di censura, questa volta una persona di colore, una persona non etero, togliamo questo, mettiamo quello, facciamo questo, inseriamo quello.

Allora signori miei, sapete cosa mi urta di più?

Imporre alle persone ciò che alla fine c'è sempre stato e che il cinema ha sempre realizzato così come le piattaforme o la TV, senza dover imporre nulla ma in modo totalmente naturale.

Ora è un porcaio.

Quindi mi chiedo il perché io debba accettare qualsiasi cosa mi venga fatta vedere sullo schermo, senza passare per omofobo, razzista, e tanto altro.

Siete voi i razzisti e tutto quello che vi viene in mente, se non la si pensa come voi siete peggio, in offese e bullismo.

Il mondo non gira in torno a voi, se volevate essere sotto i riflettori bastava mettersi, se non lo avete fatto non è colpa nostra, ma imporre la vostra presenza che alla fine non frega a nessuno è sbagliato.

Non avete raggiunto la vetta, solo un gradino, in questa società dove esiste un menefreghismo assurdo, la popolarità dura come un tortello in bocca ad un cane.

Metafora più che azzeccata, quando ti imponi ma nessuno ti guarda, cazzo che soddisfazione woww.

Con il P.C. si è uccisa la libera di espressione artistica, già vogliamo parlare nel cambiare film che hanno cresciuto una generazione e ora danno fastidio?

Sapete che, ieri i libri oggi i film, domani?

Perché bisogna imporre, perché non creare qualcosa di nuovo vostro e unico, invece di togliere ciò che è stato e credere di migliorare proponendolo diversamente.

Vi dico un segreto: non dovete convincere noi, ma solo voi stessi, i pregiudizi le etichette non vengono cancellate, ma solo mascherate da parole che alla fine hanno lo stesso significato, imporre non porta a migliorare una situazione, può creare problematiche e se vi va bene la totale indifferenza.

Godetevi i vostri 5 minuti di gloria.

Dimenticarvi ci vorrà molto meno.

Un calcio nelle palle secondo me è molto più fastidioso.

Vogliamo parlare delle favole?

Io rimango basita.

Il principe bacia Biancaneve è molestia sessuale.

Ma chi dice queste stronzate le ha mai subite le molestie?

Ha mai parlato con una persona molestata?

Le favole potevano essere un modo per uscire da una realtà negativa e ora vogliono censurarle?

Uno bravo, lo consiglio.

Ma vi sta proprio tutto sul cazzo solo perché non siete protagonisti, ora che siete dentro siete felici? Siiiii.

Sappiatelo: ciò che eravate prima lo siete ora fate solo qualche soldo in più.

Cambiare un film, una favola, imporre la propria presenza non cambia ciò che siete non vi rende migliori ma a voi basta questo.

Vi scrivo questo trovato in rete:

Prima dell'epidemia di stupidità, se ci avessero detto che per vincere gli Oscar occorresse obbedire a grottesche norme sovietiche decretando così il trionfo dell'oscurantismo del politicamente corretto, avremmo detto: ma no, figurati, mica siamo così scemi, e invece è successo, e poveri registi che si affanneranno, per inserire nei copioni, qualche concessione a un meccanismo tanto stupido, arrogantemente stupido.

Hanno sacrificato il libero pensiero per uniformarlo alla eccessiva sensibilità verso il genere, la razza, e l'orientamento sessuale.

Lo scopo di questo è stato di minare ogni sforzo di cambiamento, un sabotaggio.

La nostra società non aveva bisogno di questo, ma alcuni si, a scapito di altri.

Per un complottista questa è una dittatura vera e propria, essa nasce da una cospirazione che attribuisce le cause e le responsabilità a chi vuole minare la società e il libero pensiero.

Nasce in America negli anni 80 dalla destra americana, nelle università inizio il suo cammino e divenne una parte integrante della società, non accettata da tutti, pensando che avrebbe minacciato il sistema.

Non parlare in un certo modo, non vedere questo tipo di film, smettila di leggere cose che non sono adatte.

Non guardare, non commentare.

Avete rotto i coglioni!

Dovreste vedere le serie TV anni 90 e forse non direte più che non ne facevate parte.

E comunque ciò che pensano che sia una dittatura un complotto per sottomettere i popoli iniziando dal modo di esprimersi, alla fine se analizziamo il tutto, ditemi...gli date torto?

Io al momento non mi esprimo, non per paura o per risentimento, voglio solo vedere dove vogliono arrivare e capire se veramente chi dice ciò ha ragione.

Voglio sperare che sui popoli che secondo loro continueranno a subire in silenzio sia un errore, non sono per le rivolte o le guerre interne, sono per il dialogo, sono per il farmi sentire, sentire forte, hanno sempre detto che una guerra serve quando una civiltà è arrivata al limite e deve ricominciare, per farlo deve toccare il fondo e ricostruire.

Non occorre una guerra per ricostruire nuove basi solide basta l'impegno e la voglia di fare, ma non a scapito della libertà, non devo sentirmi in prigione, non devo smettere di realizzare tramite il linguaggio le mie idee, non devo reprimere la mia creatività, devo poter essere libero.

I TRE GIORNI DI BUIO

Cosa ne pensate dei 3 giorni di buio?

Nella Bibbia vengono definiti come un'antica profezia che narra di un periodo di oscurità che avvolgerà il mondo portando il caos e terrore.

La profezia dice questo;

Dio manderà due castighi uno sarà sotto forma di guerre rivoluzioni e altri mali, l'altro sarà mandato dal cielo l'oscurità immensa che durerà tre giorni e tre notti, nulla sarà visibile e l'aria sarà nociva e pestilenziale recando danno, arderanno soltanto le candele benedette, tutti dovranno restare dentro casa pregare e chiedere misericordia a Dio, tutti i nemici della chiesa periranno escluso chi si convertirà vi saranno demoni che appariranno in forme orribili alla fine dei tre giorni sarà designato un nuovo Papa e il Cristianesimo si diffonderà in tutto il mondo.

Questa è solo una parte altri hanno scritto di peggio su questi tre giorni, fuoco e fiamme sul pianeta ecc. ecc.

Potrebbe succedere chi sono io per dire il contrario?

Ma per ipotesi potrebbe servire solo per creare paura per tenersi vicino i fedeli, oppure rendere reale ciò che non è.

Insomma sempre più se ne parla senza contare i social che ne stanno dando ampio spazio, addirittura chi dice sette giorni di buio, non tre, l'unica cosa che ancora non si sa è la data.

Già nessuno conosce la data, solo ipotesi, al momento c'è chi dice tra il 2024 e il 2025, chi tra giugno e luglio e chi dice a fine anno.

Sono anni che si sente parlare di questo un vociferare molto blando poi ultimamente boom esplode l'argomento.

Ognuno dice la sua chi dice che sarà la causa un pianeta Nibiru, chi rimane sul discorso Bibbia e chi dice di peggio.

Parliamo di Nibiru pianeta che dovrebbe arrivare e portare questi giorni di buio al suo passaggio oscurandoci dal sole.

Nibiru è più una ipotesi che una teoria da quello che si sente in giro, e sono anni che è sulla bocca di tanti, ma mai arrivato e mai visto, che facciamo ti fai vedere?

Mah sembra che se dovesse arrivare non sarebbe così una bella cosa, creerebbe parecchi problemi al nostro pianeta oltre che al buio anche le fiamme sempre per sentito dire, quindi una catastrofe, ci mancherebbe solo lui poi abbiamo fatto tombola.

Dicono che ci sono personaggi famosi che addirittura abbiano costruito dei bunker per l'avvento, ho capito chi può si salva gli altri ehhhhhh.

Sapete cosa penso io che tutto ha un inizio ed una fine, così sarà anche per il nostro pianeta, che sia per cause naturale o per eventi esterni mi auguro solo che quando succederà l'uomo abbia già una seconda casa dove andare: SIGNOR SCOTT L'ORDINE È DATO AVVIARE I MOTORI.

Che spettacolo!!!!!

Non siamo in un film di fantascienza, da quanto sentiamo che ci saranno i tre giorni di buio, da tanto fin da piccolo.

Nibiru presunto pianeta descritto su base personale delle scritture sumere dallo scrittore Zecharia Sitchin.

È il pianeta che dovrebbe fare del danno alla terra.

Il nostro pianeta doveva essere distrutto nel 2012 dal passaggio di questo Nibiru ma lo stesso Sitchin non concordò sulla data e meno male.

E lo stesso ha definito il passaggio di Nibiru vicino alla terra nel 600 A.C.

Il che significherebbe che non ritornerà a passare per almeno altri mille anni.

I tre giorni di buio non hanno nessuna correlazione con il pianeta, da cosa saranno creati lasciando da parte ciò che la Bibbia dic?

Eliminata la Bibbia eliminato il pianeta, sarà una cometa?

Un asteroide?

Effetti cataclismi?

Il sole e le sue radiazioni?

Questi tre giorni se arriveranno cercheremo di affrontarli come potremo, il destino ci guida da quando siamo nati.

L'uomo e il suo istinto di sopravvivenza è una parte importante del nostro DNA.

Il nostro pianeta è continuamente sotto attacco da piccoli meteoriti che inciampano sulla Terra alcuni arrivano altri si frantumano nella nostra atmosfera, l'universo è immenso e può portare di tutto verso di noi, le tecnologie di cui si sente parlare arriveranno a proteggere il pianeta, il progresso e la tecnologia fanno passi da gigante, ci salveranno?

Io sono ottimista e voi?

La fine del mondo non so in quante salse sia stata raccontata, dal 2017 con l'inizio del periodo dei sette annidi sofferenza dichiarati da Meade che avrebbe portato alla fine del mondo.

Se fate i conti ci siamo dentro.

Chris McMann ci vide dentro al fuoco il 7 ottobre 2015 è andata bene che si sia sbagliato.

21 dicembre 2012 profezia Maya si proprio lei L'Apocalisse che prediceva che in quella data il mondo sarebbe finito con una immensa tempesta solare o da una cometa esplosa sulla terra.

Voi lo sapete che si pensa che non fosse quella data ma che cercano di capire il periodo giusto, non ne siamo ancora fuori.

21 maggio 2011 terremoti a non finire catastrofi e fine mondo, Harold Camping un ex evangelista si scusò per le sue dichiarazioni dopo che dichiarò per la seconda volta che il mondo sarebbe finito il 21 ottobre 2011.

Pat Robertson dichiarò svariate date sulla fine del mondo.

Siamo ancora qui.

E ci resteremo finché questo pianeta o l'universo vorranno, sempre che noi brave testoline non creiamo la nostra estinzione come leggerete in seguito.

PANDEMIA COVID 19

Ricordo le notizie riguardanti la Cina, la pandemia e ciò che stavano attuando e passando, ricordo come stavano cercando di tranquillizzare il popolo dicendo che da noi non sarebbe mai arrivato il virus, e che ogni misura era stata presa.

Non avevano Pensato a tutto, qualcosa non era stato fatto o creato o non so ma il virus arrivò e il silenzio ci avvolse come mai fatto.

Il periodo di fermo di ogni mezzo e attività ogni paletto messo per evitare il contagio portò ad un disagio, paura e solitudine mai vissuta.

Io quel silenzio lo amavo, sembrava di essere tornati indietro nel tempo dove ogni piccolo rumore veniva percepito.

Fuori dal mio mondo le persone perdevano la vita.

La Cina fu la prima ad essere incolpata per aver rilasciato il virus, e le colpe interne nel nostro paese arrivarono in seguito.

Il Negazionismo fu la forma più oscura nel nostro paese.

È più semplice, ma anche meno preoccupante, credere che la pandemia sia stata una enorme bufala, perché se fosse stata reale avrebbe portato timore e doveva essere combattuta usando ciò che si aveva.

Negare la pandemia, negare che esista un virus.

Negare le morti, negare tutto ciò che vedevano e sentivano specialmente quelli più minacciosi e preoccupanti.

Tra negazionismo e teorie del complotto vi è una stretta relazione, si sa che le teorie sono la base per sostenere un complotto.

Il complotto più eclatante fu quello che il Coronavirus sia stato diffuso da Bill Gates al fine di impiantare microchip negli esseri umani attraverso i vaccini.

Dopo il 20 con l'inizio delle vaccinazioni per debellare o rendere il virus meno pericoloso iniziò l'era delle teorie del complotto più devastanti degli anni 2000.

Tra i negazionisti del virus vi furono i contrari al vaccino che secondo alcune teorie modificava il DNA causando malori o la morte o come pensavano alcuni l'impianto di un microchip per il monitoraggio e sottomissione del genere umano.

I negazionisti condivisero l'idea sul vaccino già negandone l'esistenza del virus.

Con le normative del green pass che vietarono spostamenti e incontri se non avevi il Gp, quindi secondo loro penalizzò tantissimo che ritennero un controllo ulteriore sulle persone.

Si parlò di dittatura sanitaria, satanismo, alla fine era solo uno scambio di dati, i nostri dati ovunque.

Il periodo in cui tutto si fermò la sanità aveva in mente solo il virus, l'emergenza era tanta e lo capisco ma vi erano sempre tutte le altre malattie.

Sì perché con l'arrivo del coronavirus cancro e malattie varie e anche comuni non si erano cancellate o sparite dalla faccia della terra esse erano ben presenti, ma se capitava di aver bisogno di un medico o ospedale caso strano tu non esistevi.

Infatti nel 21 se volevi fare una visita dovevi aspettare una lunga fila di persone lasciate in attesa a causa di chi?

Ovvio del covid, ma vaaaa.

Chi ha avuto problemi ad un orecchio piuttosto serio e ha dovuto andare al pronto soccorso si è ritrovato che non poteva entrare a meno che non avesse un ictus ma la cosa più scandalosa è sentirsi incolpare del fatto che non ti sei attivato subito per farti visitare, e ritrovarsi sordo da un orecchio, non credo renda scriverlo ora ciò che si è provato, sarebbe molto riduttivo.

Le persone sono cambiate, il virus ha tirato fuori il peggio da ognuno di noi, vuoi la solitudine del periodo dove dovevi restare a casa vuoi che la convivenza non sia stata il massimo o qualsiasi altro possa aver influito sono cadute le maschere a tutti ci siamo svelati per quello che realmente siamo.

Nel bene o nel male siamo diventati sui social tuttologi, tutti sapevano di tutto, mazza quanto si era intelligenti.

Bastava parlare di un argomento che arrivava chi ti diceva la sua e se non accettavi la sua opinione erano insulti a non finire senza contare chi poi si aggregava nel continuare.

Tutti medici tutti virologi, quanti sapientoni, perché credono che il resto del mondo non sappia di ogni.

Tra il 20 ed il 22 ci siamo fatti conoscere, sì proprio così.

La maggior parte delle teorie sono partite dai social, e arrivate sul podio come complotti, riducendo in cenere chi diceva la propria in maniera diversa.

Credo proprio che in quel periodo hanno dato il peggio in tutti i sensi.

Il covid non esiste, il vaccino crea problemi, le morti improvvise hanno dato credito involontario a chi pensava questo.

Si è sempre pensato che si fosse in dittatura, non fare questo non fare quello, non trovarsi in gruppi la fila fuori dai negozi, non più di poche persone all'interno no al bar o altri edifici senza il Green Pass, non puoi entrare se non sei vaccinato al lavoro, se non lo fai devi farti il tampone ogni due gg.

Credo sia stato snervante per ognuno di noi.

Ma… eravamo in emergenza sanitaria.

Io posso solo dire questo a chi pensa che non sia mai esistito

Ho conosciuto una persona che doveva camminare con il deambulatore, la causa il covid e dopo 6 mesi era ancora così, migliorando piano piano.

Ognuno può pensarla come crede, io ho avuto il virus e il dolore alle ginocchia e agli occhi vi assicuro che non era normale, poi fortunatamente ognuno ragiona con la propria testa.

Le restrizioni non piacciono a nessuno, siamo un popolo libero di pensiero di azioni, ma sappiamo adattarci e in quel periodo si è visto molto bene.

Già infatti grazie al nostro spirito di adattamento ne uscì un'altra teoria che esprimeva il pensiero del manipolare un popolo e verificare quanto possa essere sottomesso.

Alla fine noi non siamo male, devono romperci e fracassare pesantemente i cocones perché uno di noi dica qualcosa.

Ma davanti ad una tastiera noi rendiamo il massimo siamo volgari cattivi e tutto e di più pur di far valere il nostro pensiero, se dobbiamo andare in piazza diciamo che ogni impegno in quel momento ci preclude l'uscita, capita!

Il Covid 19 ha lasciato il segno sia nella nostra società che nelle persone stesse.

Il vaccino secondo alcune teorie complottiste, ha creato problemi importanti di salute e nel 23 ne parlarono senza nessun problema delle conseguenze rilasciate da ciò che ci era stato inoculato.

Le morti improvvise diedero adito al pensiero complottista e a ciò che sarebbe successo in seguito, chi fece il vaccino non avrebbe mai più fatto una puntura, queste erano le voci di corridoio che circolavano sul web.

Ma la cosa peggiore che portò il covid tramite chi gestiva la situazione una rottura del popolo all'interno del popolo stesso.

Gli uni contro gli altri per colpa del Green Pass, per chi si era vaccinato e chi no.

Offese bullismo e tanto altro.

Certo che se ritorniamo con la mente al 2020, chi poteva credere che un virus, potesse cambiare il nostro modo di vivere, di credere, e di vedere la società che sarebbe mutata, cambiata completamente, cambiando noi in peggio.

Il silenzio, il silenzio di solito dona serenità.

Ammetto io mi sentivo bene in quel silenzio, anche se a volte era talmente intenso da far paura.

La paura era la padrona in quel periodo.

Prendere il virus, stare male senza sapere cosa mai potesse succedere, un incubo.

Festività in solitudine, ospedale in solitudine.

Ma tutto questo non è reale, non esiste, il virus non esiste, è solo una sperimentazione sull'uomo che deve far da cavia, per una guerra per chissà quali propositi.

Conoscete PLANDEMIC?

Sarebbero stati i molto molto ricchi a far rilasciare il virus per far vaccinare il popolo e far sì che gli potessero iniettare il micro e altre stronzate.

Oppure potrebbe essere stata la Cabala Nera a diffondere il virus? No, ma c'è chi dice sempre la sua.

Le ipotesi sono tantissime le realtà molto meno, come diciamo noi la colpa è una bella donna che nessuno vuole, come in tutte le ipotesi occorrono prove, finora abbiamo solo parole

Che ne pensate di QAnon?

Nasce tra il 2016 e il 2017 nel periodo delle elezioni presidenziali in USA, movimento diffuso in oltre 70 paesi in tutto il mondo, dicono che usano i social per diffondere le loro teorie e reclutare nuovi membri.

Rivelare la verità sui poteri forti, deep state, tramite indizi lasciati ai lettori da interpretare.

La diffusione di QAnon è stata aiutata con l'arrivo della pandemia e la scarsa fiducia nelle istituzioni.

Quindi estranei al virus ma incentrati sul conoscere e rivelare ogni verità.

Non volevo esprimere appieno il mio pensiero, ma più mi guardo intorno, leggo e ascolto, più mi rendo conto di quanto male le persone hanno dentro di se.

Ho scritto di come può un'ipotesi trasformarsi in teoria e di conseguenza in un complotto, ma non ho considerato il male maggiore.

Dopo la pandemia le persone sono cambiate, mentre si cantava sui balconi e si intonava "Andrà tutto bene" le persone stavano immagazzinando:

Rabbia, rancore, solitudine, odio, delusione, estraneità, nei confronti di altre persone, cattiveria e tanto altro.

Il 2020 ci ha messo alla prova, tanti hanno imparato che serve aiuto, non puoi sempre fare da solo, molti hanno provato odio contro tutti e tanti altri ancora oggi provano dissenso per ciò che è successo.

Tutti abbiamo provato diffidenza, discriminazione, rancore.

Abbiamo detto la nostra, abbiamo pensato di tutto, e pensato fino a trovare ipotesi talmente grandi e importanti per noi da creare qualsiasi teoria complottista.

Ma abbiamo dimenticato ancora un particolare, molto importante, decisamente importante l'invidia.

È quella parola che sia detta che scritta definisce molto bene lo stato d'animo di una persona.

Lo so che ora mi direte; anche altre parole definiscono una persona, ok lo so ma l'invidia reagisce in modo diverso.

Se poi mescolato con altri sentimenti, il calderone diventa pericoloso e rende questa persona una bomba ad orologeria.

Che cosa porta?

Che quella persona trova mille scuse per sé stessa ed incolpa chiunque per i suoi casini.

Queste persone non avendo accettato e trovato qualsiasi complotto, alcuni potrebbero essere reali, continuano ad incolpare altri per la loro vita disastrosa, non hanno mai tentato di migliorare, ma hanno solo giudicato chi stava meglio e chi ha fatto il possibile per tornare alla normalità, sono solo bravi a puntare il dito, insultare e invidiare chi non ha mollato.

Il 2020 ci ha cambiato, in un modo che non avremmo mai immaginato, si anch'io, non sono un'eccezione, ma ho solo cambiato la mia visione nel vedere le cose e non ho mai mollato, è nel mio carattere, nel mio modo di essere, si è capitato che a volte ero nel panico, non ho mai mollato.

La vita ci mette alla prova tutti i giorni, o si passano periodi pesanti, ma non si molla mai nemmeno quando pensi che non ci sia una soluzione, ti dico un segreto, ogni problema ha una soluzione, l'unica cosa che non ne ha è la morte, il classico bicchiere mezzo pieno, non lo vedi?

Cambia bicchiere, questo per dirti che la nostra visione può non dare la soluzione ma immaginare un'altra prospettiva ti farà vedere ciò che ti serve.

Determinazione, parola importante, molto importante, se non esistesse tante persone a noi note non avrebbero fatto scoperte altrettanto importanti.

Il lato economico è stato un dramma per tanti.

Il 20 ha portato un sacco di problemi economici, la chiusura momentanea delle aziende, ha fatto sì che tante abbiamo chiuso definitivamente, chi ha perso persone care e quindi anche un aiuto, aumento dei prezzi incontrollati.

Non mi venite a dire che sia tutto normale che i prezzi siano raddoppiati a tal punto che fare spesa ora è diventato veramente difficile.

La stragrande maggioranza non ha mollato e con sacrifici ha rimesso in piedi la propria vita, tra delusioni, fatica e dolore, ha ricominciato a vivere.

Ancora oggi nel 2024 si tira in ballo ciò che è successo, capisco che dimenticare non è facile, specialmente ora che stanno dicendo ognuno la loro verità, e non parlo del popolo ma di chi è stato a contatto con persone che hanno gestito l'emergenza Covid 19.

Se tutte le emozioni si erano assopite o almeno una parte con le ammissioni di queste persone tutto è tornato fuori e la rabbia insieme a tutto il resto.

Senza mettere in conto tutti i cambiamenti che stanno arrivando e che arriveranno in seguito, non ci stanno dando tregua, capisco tutto ma agire senza ragionare non si può arrivare a niente, fermatevi riflettete e trovaste un modo.

Comportarvi in modo assurdo non ha senso.

Chi non è rimasto deluso, chi non ha pensato al peggio, la vocina dentro di noi sì.

LORO

Capitolo primo

Mi chiamo Sara, da oltre un mese il mondo è coinvolto in una epidemia, i morti sono milioni, su oltre dieci miliardi di persone la percentuale è risultata accettabile, per me no!

Questa pandemia è arrivata senza far rumore, le persone hanno iniziato ad ammalarsi, i più deboli e le persone anziane oltre gli 80 sono tutti morti, io ho perso i miei genitori portati via e mai più visti, ora ho due urne e non so nemmeno se sono loro.

Si sono sentite storie di come bruciano i cadaveri tutti insieme per poter essere più veloci, caso mai ho i nonni o genitori di altre persone, è uno schifo.

Non eravamo pronti a questo, molte malattie sono state debellate, e altre tenute sotto controllo, l'unica cosa che non si è riuscita a trovare una soluzione è sulla crescita demografica.

"Se una civiltà aumenta in modo esponenziale senza l'aumento in parallelo del suo sostentamento, questa civiltà è destinata a morire".

In tempi antichi se succedeva i primi ad essere allontanati da una città o tribù erano i deboli e gli anziani.

Non è bello pensare che tutto questo sia stato premeditato ma caso strano la storia si ripete.

Ho timore solo a pensarlo, non sono io che ho avuto questa brutta idea, l'ho letto su un post, dopo poche ore è stato tolto, mi chiedo perché se è tutta una fantasia.

Sono madre di due terribili gemelli di 14 anni, mio marito è un militare caduto dopo una guerra per il grano, la più stupida incomprensibile guerra mai esistita, bastava solo parlare e condividere, ma non siamo solo noi, ora comandano anche loro, si loro, sono ai vertici del governo globale istituito dopo i fallimentari governi nazionali.

Tra il 21 e 22 siamo stati ad un passo dalla terza guerra mondiale, con l'arrivo degli alieni che come si era detto da decenni già nostri ospiti, diedero il loro contributo nella medicina e nella tecnologia ma chiesero di poter dire la loro, mettendosi a capo di istituzioni, laboratori e in politica.

Nel 22 si istituì il governo mondiale e ogni nazione era comandata da leggi fondate da questa cerchia che comprendeva uomini e alieni di ogni stato e per ogni tipologia di argomentazioni e posizioni relative al fabbisogno di ogni stato.

Loro i nostri vicini concordarono con i nostri governanti oltre ad occupare posizioni importanti, anche gli armamenti con armi completamente nuove e potenti e di avere una sorta di base militare sulla terra, a loro volta avrebbero dato a noi la loro medicina e tecniche per la cura delle nostre malattie più importanti.

Tutto sembrava andare alla grande, ok niente è perfetto e come si dice non puoi accontentare tutti, senza contare chi è sempre stato contro di loro, mai voluti mai accettati.

Hanno aiutato a debellare ogni forma di cancro, praticamente ogni malattia mortale era sotto controllo e chi aveva problemi di salute dopo un periodo risultava pulito dalla malattia.

Come è possibile che questo virus sia arrivato così dal nulla a livello mondiale uccidendo tante persone.

Voglio parlare con Sam.

Sam è un medico virologo del Institute General Hospital, faceva parte insieme a mio marito del corpo dei Marine Expeditionary Unit Global.

Compagno di unità con mio marito Robert è medico, si consideravano fratelli, quando mio marito non tornò dalla guerra Sam non mi ha mai abbandonata, era sempre presente, è stato un aiuto fondamentale specialmente per i ragazzi.

"SARA"

"Sam ci sei?

Quando leggi il messaggio mi chiami?

Sarà impegnato, mi rimane l'attesa Uff."

"trrrrrrr" "trrrrrrr" telefono.

"SARA e SAM "

Sara pronto …

Sam ciaooo.

Ho solo un minuto dimmi tutto.

Possiamo vederci per un caffè al chiosco del parco?

Che ne dici alle 16?

Ok perfetto a dopo.

Ciaoo a dopo.

Finito il lavoro doccia e via, sono quasi le 15,30.

Arrivata al parco Sara parcheggia l'auto, è notevole come sia stato salvaguardato ogni tipo di pianta e fiore, un giardino pazzesco con profumi che inebriano, il lago è una meraviglia flora e fauna si intrinsecano in un modo sublime.

Arrivata al chiosco in legno di ciliegio replicato tramite molecole clonate, un dono sempre da loro così non si usano più gli alberi per costruire o altro, arrivai al tavolo e seduta aspettai Sam.

"Eccomi eccomi gridò Sam, hai ordinato il caffè?"

"Ovvio no che credi, hahaha risposi"

"Sam è vero?"

"Vogliono che ci iniettiamo un vaccino?

"Ma se non sanno cosa sia, almeno così dicono", dissi innervosita.

"Sara ascolta e calmati, hai visto cosa sta succedendo?

Non si può stare fermi a guardare, da mercoledì sarà messo in atto la legge marziale con il coprifuoco, stasera ne daranno notizia sentenziò Sam".

"COSAAAAAAA?????? urlai

la scuola il lavoro, ma come ??"

"Tutto si bloccherà tutti saremo in quarantena, escluso io che dovrò ritrovarmi di nuovo in prima linea in ospedale, mi rispose con la tensione sulle labbra."

"E la spesa come faremo? Replicai io"

"Due giorni la settimana si potrà uscire con un permesso per andare a fare spesa o altro."

"È una cosa fuori di testa, perché è successo, non dirmi che è un caso, questo è un virus da laboratorio, lo sanno anche i sassi, dissi sempre più confusa."

"Sara smettila devi essere cauta nel parlare potrebbero sentire e la cosa degenerare disse guardandomi serio."

"Cosa vuoi dirmi Sam che da mercoledì siamo in dittatura?

Lo siamo già da tempo da quando loro hanno il potere."

"Sara basta!!!!

Pensa ai tuoi figli adesso."

"È quello che faccio tutti i giorni…

Sam quel vaccino è sicuro?"

"Non devi preoccuparti quando sarai chiamata ci sarò io.

Ma oggi non è il compleanno dei gemelli??? ridendo e sdrammatizzando".

"Siiiiii sto andando a comprare i regali ed a ritirare la torta ti aspetto alle 19, grande festa…"

"Mi spiace non riesco purtroppo devo rientrare, ma visto che come zio non poteva mancare il mio regalo ecco qui."

"Sei un grande Sam, ammetto che mi hai in parte traumatizzata, dall'altra, sapendo che ci sarai tu sono un poco più serena."

"Ora devo andare mi raccomando dai un abbraccio ai ragazzi, li chiamerò più tardi per gli auguri."

"Ciao Sam e … grazie."

"Ciao Sara."

La sera ero pronta per la festa dei due demoni… e dei loro compagni di scuola.

La tavola era bellissima torta, pasticcini, panini e tanto altro, 20 ragazzini mangiano come bufali.

Bevande e tanta acqua.

Il regalo di Sam... Stavo per metterlo sul tavolino dove sarebbero stati messi tutti i regali, quando lo tolsi dalla borsa vidi un cofanetto con un biglietto sopra scritto Sara.

Lo aprì all'interno vi erano tre piccole siringhe pronte con del liquido azzurro dentro.

Lessi il biglietto.

"Sara questo è il vaccino che vi salverà, non quella roba che sarà iniettata a tutto il resto del mondo, quando verrete da me dovrete fare silenzio, entrare e fare finta che io vi abbia inoculato nel braccio quella merda. Dopo la festa fatevi la puntura sul braccio destro mi raccomando e per un giorno state a riposo, immagino che tu abbia già riempito di spesa la tua auto oggi, questo farà si che non dobbiate uscire se dovesse venire un po' di febbre, ho messo anche il medicinale in caso succeda.

Sappi che io ci sarò sempre.

Non chiamare e non parlare al cell di questo.

I ragazzi non devono assolutamente parlare di questa storia ne va della vostra vita e della mia, mi raccomando, si hai ragione ma questo è solo l'inizio di qualcosa di molto più grande."

Sara..

"Ma porc………

grazie Sam ora sono terrorizzata!

Cosa diavolo sta succedendo, vogliono sterminarci tutti?

Che ne sarà dei miei figli, vorrei urlare si fatemi urlare."

"Mamma? Cosa succede perché urli??? mi chiese Thomas".

Niente ho colpito con il gomito lo spigolo del tavolo mentre raccoglievo un piatto, risposi fuori di me.

Tranquillo, sto preparando tutto per la festa, e sono di fretta essendo già le 18, tra un'ora arriveranno tutti, dov'è tuo fratello?"

"In camera rispose guardandomi perplesso."

Thomas non mi aveva mai vista disperata ansiosa o fuori di me, nemmeno quando morì suo padre cercai sempre di mantenere il controllo, me lo insegnò Robert, mi preparò proprio in caso se fosse successo qualcosa di grave.

"Devi rimanere lucida per prendere le giuste decisioni, non puoi permetterti di perdere il controllo né per te né per i ragazzi, mi disse con severità."

Robert mi fece conoscere Sam al ritorno da una licenza, viveva solo i suoi genitori erano morti un anno prima che lui si arruolasse, credo che lo abbia fatto per avere una nuova famiglia, ebbe ragione il gruppo di cui fece parte erano molto più uniti di una famiglia sembravano un unico corpo e anima, mai visto una cosa simile, adoravo vederli insieme due fratelli, quando poi si ritrovavano tutti insieme; erano uno stupendo gruppo felice con mogli e figli al seguito e guai toccare ognuno di noi.

Ora con la pandemia tutto è cambiato una parte del gruppo è stato richiamato spostando anche le mogli e figli all'interno delle basi al sicuro, Sam lavorando in Ospedale essendo competente come virologo lo hanno messo a capo del laboratorio e di tutti i medici che lavorano nei reparti dove vengono curati i malati infetti, come Colonnello facendo parte di nuovo dell'esercito.

Vado a rifarmi una doccia, questa giornata mi ha sfinito, voglio pensare solo alla festa e a quello che farò dopo, ho nascosto le fialette, devo stare attenta e devo fare anche un bel discorso ai ragazzi, la posta è troppo alta per permetterci di fare uno sbaglio.

La festa fu un successo i ragazzi erano al settimo cielo, fortunatamente tutto si svolse nel patio e giardino la casa era immacolata al contrario in esterno.

20 ragazzini indemoniati lasciano un caos indescrivibile ma le loro facce sorridenti perdonavano il disordine.

Alle 21 ritornò il silenzio, pensai di riordinare ed andare a dormire era stata una giornata tesa e pesante, alcuni genitori erano ignari di cosa sarebbe successo di lì a poche ore, sembravano stanchissimi e di sicuro lo erano, da domani avrebbero avuto tutto il tempo per riposare.

Chiamai i miei figli e gli spiegai facendo vedere il cofanetto cosa stava per succedere e cosa dovevano fare da oggi in poi.

Thomas, Nicolas ora vi farò il vaccino, come ho spiegato nulla deve essere detto, riguardo a questo Sam è stato categorico, ne va della sua carriera e delle nostre vite, pensandoci bene anche della sua vita, non volete che accada qualcosa di brutto a Sam giusto?

"No mamma No" mi risposero.

Bene cerchiamo di essere maturi e responsabili, qualsiasi persona ci parli di lui o del vaccino, noi siamo in regola.

Sam mi chiamò a fine serata per gli auguri, e mio disse che mi aveva aggiunto alla lista dei vaccinati, aveva paura che se ci chiamavano lui non potesse essere presente e non voleva farci rischiare, lo informai che sarebbe stato meglio non cambiare i piani così velocemente, da creare del caos.

Sam rideva alla mia sfuriata e mi fece alterare di più, ma solo per un minuto poi tutto tornò normale, ero troppo stanca per discutere.

Avevo acceso la TV in attesa del messaggio alle Nazioni, avevo appena finito di riordinare che sentii un sibilo strano un rumore metallico insieme ad una voce robot che ripeteva due parole in continuazione.

"COMUNICAZIONE GLOBALE"

Il comunicato stava informando la popolazione delle disposizioni relative alla quarantena, di cosa fare e non fare, dei permessi rilasciati settimanalmente previo tampone negativo.

Le scuole sarebbero rimaste chiuse, per almeno 30 giorni poi avrebbero valutato, per il lavoro la chiusura sarebbe stata di 90 giorni, tutto fermo, tutto!

Capitolo secondo

Dopo una settimana dal blocco mi resi conto del cantare degli uccelli, non lo sentivo da tempo.

Una mattina mentre uscivo sul balcone mi resi conto del silenzio, un silenzio strano nemmeno gli uccelli cantavano, sorseggiando il mio caffè per la prima volta nella mia vita assaporai la pace.

Rientrando mi sentii in colpa per quella sensazione, mentre il mondo era sotto attacco da un piccolo pericoloso virus di merda.

Stamattina giornata di spesa, poche cose, ma necessarie.

Mi ritrovo a guidare in strade deserte, mi sembra di essere ai confini della realtà, nessuno in giro, mamma mia che meraviglia.

Arrossii, mi sentii nuovamente in colpa, cosa mi passa per la testa uff.

il supermercato era aperto in parte, alcune zone erano off limits, all'entrata mi avevano fermata due gorilla di due metri chiedendo il pass, guardandomi con fare losco come se fossi un criminale.

Beh io non ho abbassato lo sguardo, anzi, anche se stai facendo il tuo lavoro non devi permetterti di guardarmi dall'alto in basso, alla fine sei solo un dipendente e forse momentaneo, quindi vola basso baby.

Fatto spesa passai in farmacia dovevo fare scorta di medicinali, oggi in giro domani chissà…

Mi recai anche in banca, prelevai del contante in più per maggiore sicurezza, e quando usci mi recai in un bancomat di un'altra banca e prelevai circa duemila parsec, chiamata così per la velocità con cui fu stampata e distribuita a livello globale in 347 giorni uno spettacolo.

Finalmente a casa Nicolas mi corse in contro agitato.

"Cosa succede, risposi"

"mamma c'è una persona dell'ospedale che chiede di te"

"non ti preoccupare e non dire nulla".

Entrai con un sorriso alquanto naturale, avrei meritato un oscar.

"Buongiorno, dissi rivolgendomi a un uomo sulla cinquantina in giacca e cravatta."

"Buongiorno signora, sono passato per verificare la vaccinazione che risulta essere stata effettuata 10 giorni or sono"

"Sì risposi"

"mi può dire chi ha eseguito le vaccinazioni?"

"il dottor Sam Craw."

"Ho ricevuto una chiamata dall'ospedale per recarmi in ambulatorio insieme ai miei figli, c'è qualche problema?"

"No signora stiamo solo controllando che tutto sia corretto, mi disse in modo tranquillo."

"Non credevo che andaste a casa di tutti per verificare, o io sono la fortunata prescelta? ribadì con un sorriso sarcastico."

"Non si ricordano di lei e nelle telecamere non appare, nemmeno i suoi figli."

"Ovvio non sono entrata dalla porta principale, non ho fatto la fila, sono passata dal pronto soccorso, la porta laterale, il medico mi ha fatto entrare subito, e sono uscita da dove ero entrata, non credevo fosse un problema."

"Capisco, me lo hanno confermato anche i suoi figli, guardandomi serio."

"Ha interrogato dei minori?"

"Senza un adulto?"

"Non crede che sia andato oltre le sue competenze?" Il mio sorriso si spense, senza dire nulla si diresse verso la porta, si girò un attimo prima salutando, uscì.

Non chiamai Sam fortunatamente mi aveva istruito alla perfezione sapendo che non vi erano telecamere nel retro mi istruì su cosa avrei potuto dire se qualcuno avesse fatto domande, tutto era stato pensato nei minimi dettagli, cosa ci si poteva aspettare non lo sapeva nessuno, di sicuro niente di buono.

Alla fine dei 30 giorni i ragazzi iniziarono la scuola didattica, le lezioni avvenivano tramite computer, ma non un semplice computer, il maestro era virtuale praticamente interagiva con i ragazzi nella stanza visionando i compiti e lo studio in tempo reale, e se mi capitava di entrare lui mi salutava gentilmente.

Le lezioni praticamente erano di quattro ore tutte le mattine escluso il sabato, con i ragazzi dissi di essere molto prudenti se il maestro avesse chiesto del vaccino, sempre in allerta, uffa.

Il postino dopo un mese inizio a consegnare la posta, ed arrivò anche un pacco piccolo, da un mittente che non conoscevo.

Alcuni lavori fatti in solitario erano stati tolti dal blocco, la cosa importante mascherina e guanti, come tutti noi ovvio, non lo avevo detto? Ehhh va bè.

Curiosa scartai il pacco e aprii la scatola era un cellulare di ultima generazione, accesi e dopo due minuti mi arrivò un messaggio.

Ascolti con attenzione, e memorizzi il messaggio si cancellerà in automatico.

Il vaccino oltre che essere un placebo contiene un microchip che non servirà per capire dove o cosa fanno le persone ma come poterle usare, questo microchip arriverà alla base del cervello e quando sarà il momento loro metteranno in atto il loro piano diabolico.

Il virus è stato solo una possibilità per poter mettere in atto il piano, le persone morte non sarebbero servite in vita, comandare un popolo di un pianeta è sempre stato il loro obbiettivo.

Quando uscirà di casa se nota comportamenti strani o li vede tutti completamente fermi faccia come loro in modo tranquillo e sereno, se dovessero capire che lei non è come loro potrebbero ucciderla e uccidere i suoi figli.

Il cellulare lo tenga sempre con lei, non è rintracciabile e le saranno inviati messaggi se necessario.

Abbiamo bisogno di lei, sappia che non è sola, siamo in tantissimi, ma dobbiamo essere cauti, non possiamo farci scoprire, non è il momento, Sam sarà il suo contatto, quando siete al telefono o vi incontrate occhio a ciò che dite, siate prudenti, buona fortuna.

Un attimo dopo il messaggio non c'era più.

Il giovedì era il mio giorno della spesa e commissioni varie,

come al solito mi recai al supermercato, e mentre stavo mettendo la verdura nel carrello si sentì un sibilo davvero fastidioso, le persone iniziarono a bloccarsi, io feci lo stesso.

Per cinque minuti nessuno si mosse al suono di una sirena tutto torno normale, nessuno cercò di dare una spiegazione come se non fosse mai successo.

Era iniziata.

Capitolo terzo

Ogni pomeriggio istruivo i miei figli.

Non uscivano da soli, e non rispondevano al telefono.

Non potevamo sapere se avessero di nuovo bussato alla nostra porta e se avrebbero usato parole chiave al telefono.

Eravamo in prigione in casa nostra, senza che nessuno avesse messo una guardia davanti alla porta.

Stavo cambiando mi ero indurita e arrabbiata con tutto quello che cercavano di fare a nostra insaputa.

Un giovedì ero in banca e incontrai Marta, era una persona meravigliosa sulla sessantina, sempre gentile sorridente e disponibile, mentre eravamo in coda e stavamo parlando, si ammutolì e si girò di scatto io feci uguale, entrarono dalla porta loro.

Le loro sembianze erano orribili ci guardarono e ci fecero delle domande, riuscì a passare il test, quando se ne andarono tutto tornò normale, Marta non si ricordò nulla.

Uscendo dalla banca la aspettai e si prese un caffè insieme, era praticamente la stessa persona, gli feci qualche domanda generale per non destare sospetti e feci battute sui ragazzi.

Le risate echeggiavano all'interno del bar, tutto sembrava normale.

"Marta che strano vero sembra che sia un giorno come tanti."

"Hai ragione, ma voglio pensare che tutto si risolverà."

"A casa tutto bene? Io ho due diavoli scatenati, ma per fortuna sanno gestirsi bene e sono felice di questo."

"Sì tutto bene, i miei nipoti mi mancano tantissimo, li vedo tramite uno schermo, ma non è la stessa cosa, tutti in salute e questo è la cosa più importante.

"Siamo fortunate Marta, ho sentito gli altri amici e sono tutti presenti e questo è tanto."

"Vero, ora vado ho il mio appuntamento con i demonietti."

Ci salutammo ridendo a crepapelle, fu l'ultima volta che la vidi, mi arrivò voce che la portarono in un altro stato insieme a tutta la sua famiglia. Marta ha sempre insegnato, è stata una maestra esemplare, non capisco questo suo trasferimento improvviso.

Chiesi a Sam se ne sapeva o aveva avuto notizie a riguardo, ma niente finché una mattina sul cellulare Nero, così lo chiamai arrivò un messaggio;

"buongiorno Sara, una persona che conosci è stata arrestata a causa di sua figlia, sono stati deportati in un altro stato nella zona detentiva di Mirror Lake,

La figlia è stata messa a morte per dare un esempio a chi volesse ribellarsi, altri della famiglia in cella, i bambini... dei bambini non si ha nessuna notizia.

Sara è fondamentale non esporsi a livello verbale.

Le ho inviato un pacco contiene un computer modificato e non rintracciabile, so del suo passato non l'abbiamo scelta a caso, lei è una formidabile hacker, è scomparsa dalla circolazione per aver cambiato vita, ma ora ho bisogno, noi tutti abbiamo bisogno di lei, insieme ad altri molto bravi, ma non come lei.

Per aprire il computer deve usare la sua impronta, se ci proverà un'altra persona tutti i dati saranno cancellati immediatamente, quindi avvisi i suoi figli di non toccare nulla e lo tenga in un luogo non visibile a persone che non devono trarre conclusioni strane.

Il mondo non è più come prima, e forse non tornerà più come la ricordiamo ma acquisire di nuovo la libertà sarà un grandissimo inizio, a presto."

Rimasi basita, avevo cancellato tutto di me, ero stata, molto attenta, chi erano queste persone che mi avevano catapultato dentro a questa storia?

Sam, cazzo SAM cosa centri tu?

Perché non dirmi nulla?

Noooo lo sapevo che ero stata troppo brava a nascondere le mie tracce, il nome, non sanno il mio nome.

Mi ha chiamata Hacker, quindi non hanno trovato nulla, forse c'è una persona del mio passato che collaborando con loro può avermi riconosciuta?

No …

E' arrivato il momento di riprendere la mia attrezzatura, loro monitoreranno me con il loro computer, io terrò d'occhio loro con il mio.

Devo saperne di più.

Più cerchi di andar lontano più cercano di tenerti lì.

Quando acquistai la casa, non la presi così a caso, sapevo molto bene chi l'abitava e come fosse strutturata.

Il Signor Svenson era una persona non troppo ligia alle regole e fece costruire una stanza per proteggersi da intrusi ostili, la cosa fantastica è che non si nota, chi costruì la casa fu un genio.

Io ho il mio ufficio proprio lì, e nessuno lo sa, nemmeno la mia famiglia.

FBI CIA ed altre agenzie hanno perso le mie tracce da oltre 14 anni, io non ho smesso ho sempre monitorato il web per la mia sicurezza, ho spiato e controllato ogni cosa.

La pandemia e loro hanno reso il mio monitoraggio un poco complicato con i ragazzi a casa non è facile sparire.

Ho creato un logaritmo che mi rende completamente invisibile e capace di trovare qualsiasi chiave d'accesso per entrare dove io ho bisogno, non è stata contenta FBI quando entrando nei loro file scoprii alcune situazioni scomode, già ognuno ha i suoi scheletri e segreti nel suo fottuto armadio.

Telefono:

"Sam... pronto"

"Sara, tutto bene? Ho saputo della visita inopportuna, mi spiace molto, ma non ti preoccupare è tutto in ordine-"

"Sam tranquillo, l'unica cosa che mi ha dato fastidio l'aver interrogato i ragazzi senza la mia presenza."

"Che cosaaa??? urlò Sam"

"lascia stare, sono solo stanca di stare sempre a casa, anche se si lavora… sbuffai".

"Mi sentiranno"

"No, pensa a fare il tuo lavoro, non voglio crearti problemi, va tutto bene, cercando di tranquillizzarlo."

"Ci vediamo per un caffè? Replicò Sam."

"Quando vuoi" dissi.

Capitolo quarto

Per non avere sorprese avevo solo un computer attivo, ma dopo questa nuova amicizia misi sul tavolo l'intera attrezzatura.

Inventai che ero in cantina ad etichettare i barattoli, sia Thomas che Nicolas erano impegnati con la scuola io misi in atto il mio piano, stando ben attenta a non fare troppo rumore.

Attivai tutte le telecamere a circuito chiuso installate nella casa, erano invisibili da quanto erano piccole ma potentissime e con una risoluzione molto nitida, furono create da Marcus, il ragazzo di cui ero innamorata al liceo, sembrano luci di natale ma alcune hanno incorporato una telecamera in miniatura sono una figata.

Lui era una persona ingegnosa e con tanto talento.

Lui mi insegnò tutto quello che so e mi lascio tutta la sua roba quando morì cinque anni dopo che ci eravamo lasciati prendendo strade diverse, io studiai informatica forense e criminologia, lui rapine e spaccio.

Quando morì mi arrivò una lettera e una chiave di un armadietto dove teneva tutto il suo mondo.

Recuperate le tre sacche a casa aprendole vidi lui in quegli oggetti che lo resero il migliore e soldi tanti soldi, che mi permisero di perseguire i miei sogni.

Come sono arrivata ad avere tutti alle calcagna?

Semplice indagando sulla morte del mio amico.

Quando ho scoperto come era morto Marcus e chi aveva insabbiato il tutto facendo passare un omicidio in un suicidio misi tutto on line.

Ero una laureata in fuga, con un colloquio di lavoro al MI6, fantastico... fanculo.

Non potevo fare finta di niente, Marcus era stato molto importante per me ... cazzo... cazzo così intelligente così stupido.

Non voglio pensarci più, questi ricordi mi fanno male, lui inventò il mio nick lui mi fece ciò che sono.

Controllo le telecamere, tutto alla grande, dentro e fuori tutto monitorato, sensori di prossimità ed altro tutto attivo.

Passavano i giorni, tutto stava andando in modo quasi tranquillo quando suonarono alla porta, era il corriere.

Lo scatolone era grande come se ci fosse all'interno del cibo, era il computer spedito da un altro indirizzo.

Collegai il tutto dopo averlo aperto con la mia impronta, lo misi in soffitta lontano da occhi indiscreti e lo mascherai in modo che non venisse intercettato, tanto loro vedevano lo schermo non il segnale, e io non potevo fidarmi.

Conteneva solo video, e non posso certo dire tranquilli anzi, si vedevano torture, su terrestri, video della prigione dove avvenivano esperimenti, bambini di pelle grigia o verde, persone messe a morte, orribile, una realtà che veniva tenuta nascosta e che volevano che io mettessi in rete.

Feci tutto quello che chiesero, dovevo per capire e sapere di più.

Ora comincio io.

Mentre tutto il mondo vedeva io guardavo da un'altra parte.

Aprii i computer in loro possesso, non si sarebbero accorti di questa mia visita silenziosa, ma quello che vidi mi sconvolse.

Erano LORO.

Maledizione, perché?

Una fazione si era separata?

Oppure era tutto una finzione?

Poi vidi Sam... lui faceva parte di tutto questo, si lo immaginavo, ma ora avevo la certezza.

Un attimo dopo con stupore vidi il vero volto di quella persona che conoscevo da anni che giocava con i miei figli, iniziai a tremare, mille pensieri e dubbi invasero la mia mente.

Lo chiamai.

Mentre il cellulare suonava io lo guardavo dal monitor.

"Pronto Sara, tutto ok?"

"Sì credevo che mi chiamassi per il caffè, ma immagino che tu non abbia avuto molto tempo."

Ti stavo guardando cercando di capire il tuo gioco, non volevi che io capissi dove ti trovavi, perché?

C'era tutta la mia vita in gioco i miei figli.

"Sara scusami disse con voce pacata, è stata una settimana infernale, ti chiamo io tra qualche giorno, ok"

"ok Sam ciao risposi freddamente."

Salii al piano di sopra, mi voltai tutto era nella normalità nessuno potrebbe dire che ho un mio angolo segreto, il computer in solaio era stato inserito in un vano nel soffitto, tutto era stato reso invisibile, ma io ero inquieta e non sapevo più di chi fidarmi, dopo tantissimo tempo mi sentivo sola con un peso non indifferente.

Quando vidi una mattina Sam mentre andavo a fare la spesa lo chiamai, lui mi salutò e mi venne incontro,

"Sara… lo so mi farò perdonare, dai prendiamoci un caffè qui al bar disse divertito".

"Ti dovrai far perdonare ben di più caro Sam, fissandolo negli occhi".

"Che intendi? Cosa ho fatto?"

Non puoi far aspettare una signora così tanto tempo e pensare di passarla liscia, gli dissi con un bel sorriso."

quando lo guardai andare, pensai che dovevo solo aspettare e caro Sam ti avrei incastrato e fatta pagare, questa tua subdola menzogna.

Capitolo quinto

Tutti i video messi in rete crearono un bel caos e tutti i mezzi di informazione cercavano di smentire essendo nelle LORO mani, ma non potendoli togliere continuavano ad essere visibili da lì venne staccata la rete e questo era già in programma e io lo sapevo che sarebbe successo. Ma essendo brava nel mio lavoro io usavo i satelliti contro di loro e non se ne accorgevano nemmeno, bellissimo!

Arrivò un altro messaggio sul cell Nero.

Con lo stacco della rete i file sul computer sono stati cancellati, passerà tra dieci minuti un fattorino, che lo prenderà in carico e lo ritirerà, grazie per il suo contributo. Considerato che non mi fidavo ogni file era stato scaricato nel mio cloud e il computer accuratamente ripulito, e non più funzionante.

Non sono alle prime armi, ma con chi pensate di avere a che fare?

Il campanello suonò era il fattorino accompagnato dalla polizia a cui io sorrisi e diedi il mio buongiorno.

"Devo ritirare un computer, mi disse il fattorino."

Gli consegnai il pacco e prontamente la polizia volle vedere il computer acceso.

"Mi spiace lo sto rendendo perché non funziona è un reso, non si accende, se volete sentite l'azienda, io non voglio pagare nulla di più."

"Perché ha comprato questo aggeggio? Mi chiese il poliziotto"

"per lavoro risposi"

"questo lo prendiamo noi!"

Il fattorino mi guardò preoccupato come se non sapesse nulla, io lo fissavo sapendo, e lui lo capì.

Non avrei mai perdonato Sam, perché questo. Perché farci del male, maledetto!

Ritornò la polizia chiedendo dove avevo preso l'indirizzo e risposi che vidi una pubblicità in rete, dato il costo molto basso decisi di acquistare, ma mi resi conto che era una truffa.

Non sono sicura di averlo convinto. Ma quando mi disse il motivo del mancato funzionamento, urlai, la rabbia era vera pensando a loro che avevano provato ad incastrarmi, il poliziotto mi disse che era tutto ok e chiuse la pratica.

Entrando in casa scaricai la rabbia piangendo, il pensiero che potevano portarci via e non rivedere più i miei figli mi gelò il sangue.

Dopo le 18 chiamai Sam chiedendogli di passare, dissi che Thomas si era fatto male un polso, se poteva controllare lui, in quarantene non potevi recarti in qualsiasi centro medico anche privato se non avevi patologie serie, già che vergogna.

Lui mi rispose che sarebbe passato, bene!

Mentre aspettavo l'arrivo del caro amico, stavo guardando la TV in tutto il mondo insorgevano rivolte, manifestazioni contro il controllo alieno.

Loro erano più forti, più preparati e pronti per affrontare ogni situazione, ma... mi avevano toccato troppo da vicino...adesso sarò io a colpire e lo farò duramente.

Il campanello suonò svariate volte, mi ripresi e andai ad aprire, avevo già preparato tutto, e nel vialetto c'era pronta l'auto di Robert, tutti pensavano che non fosse più in mano mia dopo la sua morte, ma occorre sempre una via di fuga.

Ero davanti alla porta, aprii e me lo trovai davanti con il suo solito sorriso, lo invitai ad entrare.

"Bene Sam adesso mi lascia dare un'occhiata"

Avevo attivato un dispositivo che schermava qualsiasi cimice e telefoni, ma volevo sapere se ne aveva portato con sé qualcuna.

"Si può sapere cosa ti prende?" rispose innervosito.

"Dammi il tuo cellulare e ogni tuo dispositivo per rintracciarti ADESSO!"

"Vuoi spiegarmi?"

Tirai fuori la pistola e lui alzò le mani mentre faceva un passo indietro.

"Tira fuori tutto, svuota le tasche o ti sparo. SUBITO!!"

Sam svuotò le tasche senza distogliere lo sguardo su di me, cerco di chiamare i ragazzi, ma erano dalla zia tre case sopra di noi e fino a domani non sarebbero rientrati, tutto calcolato.

"Adesso mi spieghi perché volevate incastrami con il computer, avete messo a rischio la vita dei miei figli, come hai potuto?"

"NON centro nulla non so di cosa parli" disse in tutta tranquillità.

"Sam ti ho visto... non sei UMANO, eri con loro, perché continui a mentire?"

Ero sempre più arrabbiata.

"Mi hai visto… sei brava, molto brava JOKER!

"Come sai il mio nome?" urlai

"Marcus"

Rimasi ferma come se mi fosse arrivata una doccia fredda, ero travolta da mille emozioni e nessuna tranquilla, Marcus era morto 14 anni fa.

Marcus mi diede quel nick perché mi paragonò a un jolly dove mi mettevo io mi ambientavo alla nuova esperienza senza problemi riuscendo nel mio lavoro; sì ero brava, e lui me lo ricordava sempre.

"Marcus è morto, da molto tempo, dimmi come sai il mio nick."

"Da lui, non è morto, ha solo voluto che tu lo credessi finché non avessimo bisogno di te, maaa poi ha avuto paura, hai superato di gran lunga il maestro, voleva toglierti dalle scatole, non è andata.

Sei un problema, i nostri piani non comprendono la tua collaborazione, non più, avrei cresciuto io i tuoi figli, mi vogliono bene e sono un buon amico."

"Basta non voglio sentire altro, usciamo"

Saliti sull'auto di Robert mi recai nel bosco a mezz'ora da casa, era una zona molto isolata, nessuno la frequentava per via delle tossine che il lago rilasciava. Il corpo lo scaraventai dentro gli acidi avrebbero fatto il resto.

Quando rientrai portai tutta la sua roba e auto nel parcheggio di un ospedale non più attivo lasciai l'auto. Le telecamere non erano più in funzione ma per sicurezza bloccai tutto. Ora ero diventata un'assassina.

Tornai a casa e un dubbio mi salì insieme ad un brivido di terrore presi un localizzatore di cimici o di posizione e me lo passai in tutto il corpo, niente, un respiro di sollievo mi pervase in tutto il corpo.

Marcus io ti ho amato mentre tu mi stavi creando plasmando, solo ora capisco che mi stavi preparando, hai fatto un errore, non hai calcolato che avrei avuto dei figli, grosso errore.

STO ARRIVANDO MARCUS!

Fine Parte Prima

Dobbiamo trovare il tempo per fermarci e ringraziare
le persone che fanno la differenza nelle nostre vite...
Grazie!

INDICE